二语写作

Chinese Journal of Second Language Writing

主编 王俊菊

第二辑

外语教学与研究出版社
FOREIGN LANGUAGE TEACHING AND RESEARCH PRESS
北京 BEIJING

2021

图书在版编目（CIP）数据

二语写作. 第二辑：2021 / 王俊菊主编. —— 北京：外语教学与研究出版社，
2021.6（2022.11 重印）
ISBN 978-7-5213-2765-6

I. ①二… II. ①王… III. ①第二语言－写作－文集 IV. ①H05-53

中国版本图书馆 CIP 数据核字 (2021) 第 140833 号

出 版 人　王　芳
责任编辑　解碧琰
责任校对　李海萍
封面设计　李　高
出版发行　外语教学与研究出版社
社　　址　北京市西三环北路 19 号（100089）
网　　址　http://www.fltrp.com
印　　刷　北京九州迅驰传媒文化有限公司
开　　本　650×980　1/16
印　　张　9
版　　次　2021 年 7 月第 1 版 2022 年 11 月第 2 次印刷
书　　号　ISBN 978-7-5213-2765-6
定　　价　40.00 元

购书咨询：（010）88819926　电子邮箱：club@fltrp.com
外研书店：https://waiyants.tmall.com
凡印刷、装订质量问题，请联系我社印制部
联系电话：（010）61207896　电子邮箱：zhijian@fltrp.com
凡侵权、盗版书籍线索，请联系我社法律事务部
举报电话：（010）88817519　电子邮箱：banquan@fltrp.com
物料号：327650001

《二语写作》第二辑

（2021 年 6 月）

目　录

卷首语

写作研究

写作教学

写作测评

新作评介

Contents

卷首语

2020年是被历史铭记的一年。这一年，举国上下齐心协力，共克时艰，迎战新冠肺炎疫情。《二语写作》也在这不平凡的一年成功创刊。创刊之初，我们收到来自全国乃至全球作者的关注，投稿作者来自中国、美国、新西兰、比利时等多个国家。

2021年是充满期许的一年。在第一辑成功刊发的基础之上，《二语写作》第二辑再次从众多来稿中甄选出优质稿件，通过不同栏目，将优秀学术成果呈现给国内外二语写作领域的专家、学者和广大师生。

《二语写作》第二辑共分为"写作研究"、"写作教学"、"写作测评"和"新作评介"四个栏目。

"写作研究"栏目中，张建华、Lawrence Jun ZHANG借助动态理论的视角和方法，探讨了英语学习者书面语句法复杂性发展变异性特征及规律。陈宁阳通过对比中美大学生记叙文和议论文两种体裁的习作样本，发现了二语写作者和母语写作者的语言特征及异同。张家强、郭丽从词汇的丰富性差异视角探究了外语写作焦虑和写作质量的关系。李孟端采用问卷调查法，挖掘了中国大学生英语写作的多维动机。

"写作教学"栏目中，佘雨新通过教学实践，验证了"师生合作评价"模式的有效性及其对不同水平非英语专业学生英语写作焦虑的影响。邹敏、苏晓俐和陈则航构建和实施了以思辨能力为导向的大学英语写作形成性评价体系——DEAR教学模式，发现该模式有助于提升学生英语写作的思辨质量。何佳佳经过调研，总结出北美高校写作中心的基本运营模式及辅导实践方式，对我国英语写作教学以及高校外语教育均有一定的借鉴意义。

"写作测评"栏目中，纪小凌对比了英语独立写作评分中的整体与分项评分法的信度，并探讨了评分员对不同评分法的使用体验，为写作测评方法的选择提供了借鉴。丁煜从写作互评的角度，探究了大学英语写作中互评培训效果，为大学英语写作教学提供了有益指导。

"新作评介"栏目中，岳颖对美国英语教师委员会2018年主编出版的专著《写作能力的终生发展》一书进行了全面的介绍和评介，从终生发展模式、多学科取向、语境取向、社会取向等视角概括了该书的特点和亮点，指出该书对于母语和外语写作教学与研究均具有重要参考价值。

以上文章各有侧重，从理论深度、研究内容、研究方法和教学模式等方面积极探索，大胆突破。尤为值得一提的是，文章作者多为国内外二语写作领域的知名学者和青年新锐，对写作领域的研究趋势和学术前沿有较好的把握，谙熟研究方法和学术规范，文章所呈现的内容和视角均有其独到之处，值得品鉴。

作为本刊之特色，本刊还汇总整理了2020年度我国出版和发表的二语写作最新研究成果，既有本土最新成果，也有国外新作引进，便于读者了解本领域的研究热点和发展动态。

动态系统理论视阈下英语学习者书面语句法复杂性发展变异性特征及规律 *

张建华 [1,2] Lawrence Jun ZHANG [2]

[1] 四川文理学院
[2] 奥克兰大学，新西兰

提要：本研究借助动态系统理论独有的研究方法，以两名英语学习者为研究对象，对其书面语句法复杂性发展变化进行了一年的历时研究，以探究各维度不同的发展路径和交互关系的变异性。结果表明：（1）英语学习者句法复杂性各维度发展呈现出四种发展路径，表现出明显的个体变异；（2）句法复杂性各维度交互关系是竞争与支持交替并存、动态波动的。交互关系动态发展证实了各维度间关联生长点的动态性和变异性。

关键词：句法复杂性；动态发展；个案研究；变异性；二语写作

1. 引言

动态系统理论（Dynamic Systems Theory，以下简称DST）认为，变异性是二语发展的特有属性，可揭示其鲜为人知的发展特点。句法复杂性是量化写作能力的核心维度，近年来成为研究热点。国内研究对象以英语专业学生为主，重点关注了句法复杂性随年级和作文水平变化的模式（鲍贵 2009；秦晓晴、文秋芳 2007；王丽萍等 2020；许春燕等 2017）、不同水平学习者差异（徐晓燕等 2013）、各维度发展特点和交互模式（江韦姗、王同顺 2015），但鲜有研究涉及其发展的变异性（Zhang et al. 2017）。为弥补现有研究不足，本文对非英语专业学生进行历时追踪研究，从DST视角探究其句法复杂性发展路径和交互的变异性，以期揭示英语学习者句法复杂性的发展全貌。

2. 文献综述

2.1 二语发展的 DST 视角

DST认为，二语发展具有复杂性、动态性、关联性、自适应性、恒变性、不可预测性、非线性、互动与自组织性等特征。语言隶属于社会系统，包括词汇、语法、语用等诸多子系统（De Bot et al. 2005），子系统之间存在全面关联（De Bot et al. 2007; Larsen-Freeman & Cameron 2008）。这种关联使我们认识到，不同子系统同时

* 本研究为四川省社科规划外语专项"互联网大数据语境下大学英语写作学习共同体构建的研究（SC18WY027）"以及四川文理学院教改项目"转型发展期校本大学英语分类分层教学改革与实践（2017JY14）"的阶段性成果。

发展变化、交互从而形成"关联生长点"（connected growers）。二语发展过程中，生长点之间主要存在三种交互关系：支持、竞争和条件。支持关系表现为不同系统相互支持，同步发展；竞争关系表现为不同系统相互竞争发展；条件关系则表现为 A 系统发展依靠 B 系统达到最低水平(Verspoor et al. 2011)。关联生长点的变异性使得二语子系统在发展路径和模式上表现出变异性。

传统视角认为，变异性是二语发展的"背景杂音"（Verspoor et al. 2008; Dornyei 2009），往往被忽略。但 DST 认为，变异性是二语发展的特有属性（李兰霞 2011），是其核心内容，可揭示二语发展重要的潜藏内容（van Dijk 2004），利于更完整地理解二语发展（Chang & Zhang 2021）。经典达尔文主义学者认为，变异性源于系统的灵活性和系统对所处环境的适应程度（Thelen & Smith 1994）。但 DST 认为，变异性是"发展的源头，预示着发展过程中的发展转变的出现"（van Dijk 2004：129）。相较于学习者特征（如动机、学能和工作记忆），发展中的变异性可以预测二语写作水平（Huang et al. 2021）。变异性指特定语言行为在不同时间节点的表现，混杂着偏误与目标形式（Verspoor et al. 2011）。变异性暗含了动态性，动态性预示了变异性。动态性指的是二语发展的不稳定和波动。

DST 认为，二语发展要经历引力和斥力状态。引力状态为良性的、积极的，而斥力状态为恶性的、消极的，这两种状态常交替出现。二语在不同状态转换中发展，表现为非线性变异。引力状态转变时会产生系统最大变异，表现为二语发展的动态性和非线性，预示着发展新阶段（De Bot et al. 2005，2007）。因此，变异性对理解动态系统视角下的二语发展过程至关重要。

2.2 二语写作句法复杂性

句法复杂性是二语发展不可分割的部分（Lu 2011）。从研究内容来看，二语写作句法复杂性研究分为基于过程和基于文本两类。基于过程的研究以 CAF（Complexity, Accuracy & Fluency）理论框架为指导，主要探究了复杂性、准确性和流利度之间的相互作用（Polat & Kim 2014；许春燕等 2017）和各种因素对复杂性、准确性和流利度的影响（Ellis & Yuan 2004；Johnson et al. 2012；Ong & Zhang 2010，2013）。基于文本的研究主要考察了复杂性和发展特点及其影响因素，比如年级水平（鲍贵 2009）、语言水平（Khushik & Huhta 2020；Vyatkina 2012）、母语背景（Lu & Ai 2015）、语体（Berman & Verhoeven 2002）等。

江韦姗和王同顺（2015）追踪了两名英语专业学生句法复杂性的发展变化，发现句法复杂性各维度间存在三种发展路径和两种交互模式。虽然该研究选择了句法复杂性的五种测量指标（分别为从句比例、小句平均长度、短语平均长度、非限定性从句和被动态），但是指标选择缺乏必要的理论依据，因此，研究结果值得商榷。虽然郑咏滟和冯予力（2017）承认变异性存在于句法复杂性，但是这一领域还未有足够的研究对其作深入细致的分析。

纵向个案研究可以系统、详尽地展示句法复杂性发展的连续变化，更易于揭示发展路径和交互模式的变异性，但是其研究结果难以概化，不具普适性。Verspoor et al.（2011）在DST框架下提出的方法论弥补了这一缺陷，将抽样技术和蒙特卡洛模拟引入到二语习得研究，用于确定小样本与不规则数据是否具有统计意义。郑咏滟（2015）将这种技术用于对词汇发展的历时个案研究。再者，从DST视角探究二语发展的个体变异性有助于发现隐藏的发展模式（Verspoor et al. 2008）。虽然很多学者承认句法复杂性发展存在变异（Larsen-Freeman 2009），但是鲜有纵向研究证实。因此，本研究借助DST独有的方法论，着眼于揭示外语学习者句法复杂性发展路径和交互模式的动态性和变异性，进而为外语写作教学方法和模式创新提供较为翔实的参考和借鉴。

本研究通过对非英语专业学生的句法复杂性进行历时追踪研究，主要回答以下问题：

（1）非英语专业学生作文句法复杂性各维度呈现怎样的发展路径？发展路径是否存在变异性？

（2）这些句法复杂性各维度在发展过程中是否存在交互？若存在，这种交互是否表现出动态性和变异性？

3. 研究设计

3.1 研究对象

本研究受试为S大学一年级的两名非英语专业学生，选自笔者任教的34名学生。为了保护受试隐私，分别取名为A和W，如表1所示。

表1　受试基本情况简表

序号	年龄	民族	性别	生源地	母语	入学前学习英语年限	高考成绩
A	18	汉	男	四川	汉语	7	98
W	17	汉	女	湖北	汉语	7.5	97

选择这两名被试的主要原因如下：虽然他们的性别和开始学习英语的时间有差异，但是学习背景较为相似，英语语言水平接近，属于所在班级的中等水平，学习动机都较为强烈，所学专业、任课教师和英语学习的整体进度相同。

3.2 数据收集

本研究历时两个学期。笔者收集所有同学课后完成的英语作文，主题与学习者的学习、生活、工作、社会热点问题等密切相关。作文长度为120—180词，体裁均为议论文。写作时，学生不受时间限制，可以查阅词典或相关资料，或与同学讨论。根据研究问题，笔者选出上述两名学生两个学期的英语作文各32篇。

3.3 句法复杂性指标与数据标注

Norris 和 Ortega（2009）认为，句法复杂性为多维构念，体现在整体层次、小句—从属层次、次小句层次。Bulté 和 Housen（2014）提出的分类模型将句法复杂性细分为整句复杂性、小句复杂性和短语复杂性。因此，本研究选择了四个量化指标：整句长度、从属小句比率、并列短语比率和复杂名词短语比率，如表 2 所示：

表 2　句法复杂性量化指标

量化指标	定义	计算方法
整句长度	整句平均长度（MLS）	作文单词总数除以整句总数
从属小句比率	每小句从属小句数（DC/C）	从属小句总数除以小句总数
并列短语比率	每小句并列短语数（CP/C）	并列短语总数除以小句总数
复杂名词短语比率	每小句复杂名词短语数（CP/C）	复杂名词短语数除以小句总数

Lu（2011）发现，小句是信息最丰富的单位。因此，本研究句法复杂性的量化指标均以小句作为基准，借助 Lu（2010）开发的二语句法复杂性分析器对收集到的作文进行标注。在对英语作文进行分析时，该分析器表现出良好的效度，各量化指标 F 值均大于 0.83。

3.4 数据分析

分析数据时，作者尽量保持作文的原样，未清除或更正作文中存在的拼写和搭配错误，以保证数据的真实性和信度。首先，采用移动极值图观察句法复杂性各维度的发展变化，添加趋势线来观测发展趋势。其次，利用 Poptools[1] 工具对数据进行再抽样和蒙特卡洛模拟处理。之后，借助 MATLAB[2] 7.0 运用局部加权回归散点平滑技术对数据进行平滑处理和标准化处理，确定各维度的变化和趋势。最后，制作移动相关系数图观测句法各维度间交互的变化。

4. 结果

4.1 各维度发展路径变异性

4.1.1 整句长度

图 1 的二元多项趋势线表明，在整句长度上，A 和 W 都表现出增长趋势。但是移动极值图表明 A 和 W 在整句长度上表现出个体间变异：A 的增长幅度和波动幅度都大于 W。以趋势线为参照，A 的最大波动值出现在第 28 次作文，为急剧增长；而 W 的最大波动值出现在第 27 次作文，为骤降。5000 次蒙特卡洛模拟显示 p_A=0.4648、p_w=0.0458，表明随机模型产出 A 和 W 最大波动值的概率分别为 46.48% 和 4.58%。

---

[1] Poptools 是 Excel 的一个应用统计插件，可以实现矩阵分析，蒙特卡洛模拟，似然估计和回归估计等统计分析。
[2] MATLAB 是 MathWorks 公司开发的数学软件，广泛用于数据分析、深度学习等相关领域。

这说明最大波动值来源存在个体间变异，A 的急剧增长源于偶然因素，而 W 的骤降则为系统固有波动。

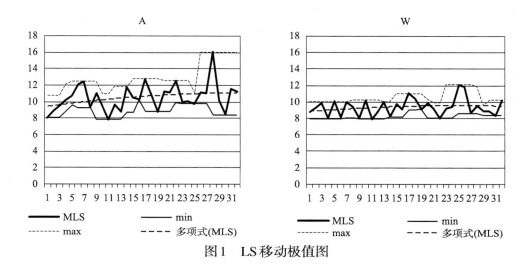

图1　LS移动极值图

4.1.2　从属小句比率

图2的趋势线显示A和W的从属小句比率为增长的趋势。而移动极值图表明A和W在从属小句比率上表现出个体间差异：A增幅小于W，但波幅大于W；以趋势线为参照，A的最大波动值出现在第16次作文而W的出现在第11次作文。蒙特卡洛模拟显示$p_A=0.2014 > 0.05$、$p_w=0.0694 > 0.05$。因此，随机模型产出A和W的最大波动值的概率存在个体间差异。

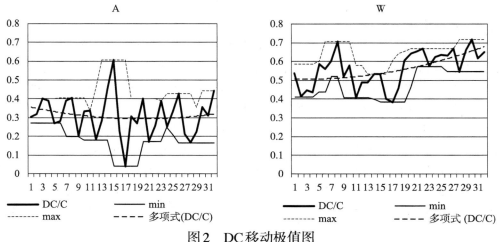

图2　DC移动极值图

4.1.3　并列短语比率

　　图3的趋势线显示在并列短语比率上 A 和 W 均表现出增长趋势。而移动极值图表明 A 和 W 表现出个体间差异：A 的增幅和波幅都大于 W；A 骤降和骤升的频率明显多于 W。蒙特卡洛模拟显示 p_A=0.396、p_w=0.7918。这表明，随机模型产出 A 和 W 最大波动值的概率存在个体间差异。

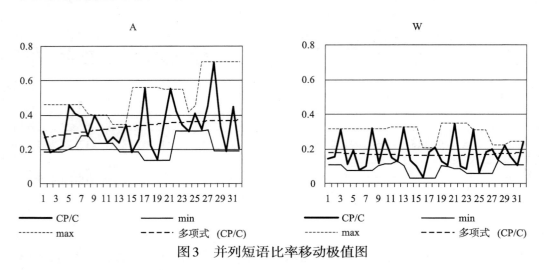

图3　并列短语比率移动极值图

4.1.4　复杂名词短语比率

　　图4的趋势线显示在复杂名词短语比率上，A 和 W 都表现出增长趋势。但是，移动极值图表明 A 和 W 在复杂名词短语比率上表现出个体间差异：A 的增长幅度和波动幅度都大于 W；A 和 W 的发展表现出频率不同的骤升和骤降现象。蒙特卡洛模拟结果显示 p_A=0.6418、p_w=0.1216。这表明，随机模型产出 A 和 W 的最大波动值的概率也存在个体间差异。

　　平滑处理可以更加有效地观测其发展的总路径和局部的波动，而标准化处理则能使不同数据在同一维度上便于比较（Verspoor et al. 2011）。因此，笔者采用局部加权回归平滑技术对原始数据进行平滑处理和标准化处理，随后绘制成趋势图（图5），观测 A 和 W 句法复杂性各维度发展个体内差异。

　　图5表明，句法复杂性各维度发展变化的趋势上，A 与 W 都存在个体内变异。A 的个体内变异主要表现在：整句长度为 M 型增长趋势，从属小句比率为 V 型增长趋势，并列短语比率为倒 W 型发展路径，复杂名词短语比率为钟型发展路径。与之相对，W 的个体内变异则主要表现在：整句长度为 M 型下降趋势，从属小句比率为倒 W 型发展路径，并列短语比率为 V 型增长趋势，复杂名词短语比率为钟型发展路径。

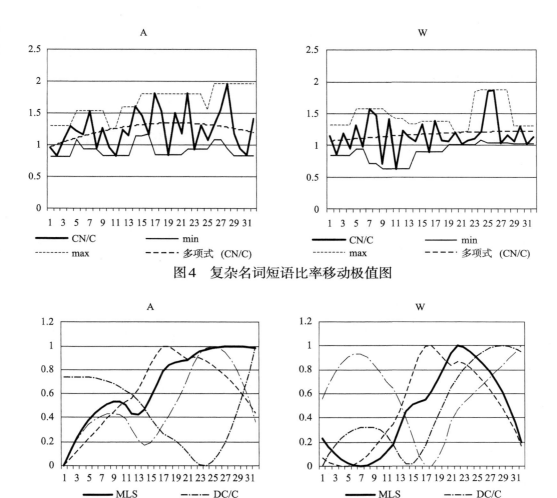

图4　复杂名词短语比率移动极值图

图5　平滑处理后的句法复杂性发展路径图

4.2　各维度之间交互关系变异性

借助SPSS 20，笔者对处理后的句法复杂性各维度间的相关系数（如表3）进行计算，从宏观上把握各维度之间的交互关系的变异性。

表3　句法复杂性各维度相关系数

	A	**W**	**A**	**W**
整句长度				
从属小句比率	−0.615	0.563		
并列短语比率	0.83	−0.517	−0.697	0.324
复杂名词短语比率	0.747	0.873	−0.842	0.248

表3的相关系数表明A和W在句法复杂性各维度之间交互关系上存在明显个体间变异，主要表现在：（1）在从属小句比率与其他三个维度的交互关系上，A均表现为负相关而W为正相关；（2）在并列短语比率与整句长度的交互关系上，A表现为正相关而W为负相关；（3）在整句长度与复杂名词短语比率的交互关系上，A的相关程度弱于W。

为了更加准确地观测句法复杂性各维度间交互关系的动态性和变异性，笔者绘制了移动相关系数图（见图6）。

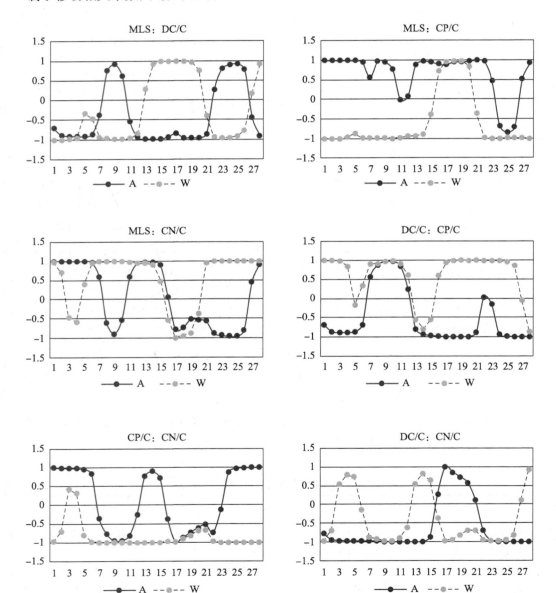

图6   句法复杂性各维度间相关系数发展变化趋势图

图6表明，句法复杂性各维度相关系数的发展呈现出动态性和变异性。动态性主要体现在相关系数不是稳定的正或负相关，而是正负相关交替。例如，整句长度和复杂名词短语比率的相关系数呈现出"正—负—正"的循环。在相关系数的发展轨迹上，A和W表现出个体间变异和个体内变异。以个体间变异为例，在从属小句比率和复杂名词短语比率相关系数的发展轨迹上，A表现为"负—正—负"，而W则表现为"负—正—负—正"。以个体内变异为例，在整句长度和从属小句比率相关系数发展轨迹上，A表现为"负—正—负—正"；但是在整句长度和并列短语比率相关系数发展轨迹上，A却表现为"负—正—负"。

5. 讨论

5.1　句法复杂性各维度发展的变异性

本文借用移动极值图描述了句法复杂性各维度发展的个体间变异，绘制了经局部加权回归散点平滑和标准化处理的各维度发展路径以探究个体内变异。个体间变异主要体现在A和W在发展中出现的增幅和波幅、随机模型产出最大波动值的概率等方面。个体内变异主要存在于句法各维度发展路径上。A发展路径表现出个体内变异：整句长度呈现为传统发展路径，从属小句比率呈现为V型发展路径，并列短语比率呈现为复合型发展路径，复杂名词短语比率呈现为钟型发展路径。同样，W的发展路径也表现出个体内变异：整句长度和并列短语比率呈现为复合型发展路径，从属小句比率呈现为V型发展路径，复杂名词短语比率呈现为钟型发展路径。

据图5我们归纳总结出四种典型发展路径：传统型、V型、钟型和混合型。第一，传统型发展路径以A整句长度的发展轨迹为代表，表现为波动增长。从DST来看，该维度处在引力状态中，虽然表现出增长和下降的反复，但整体为增长趋势。江韦姗和王同顺（2015）的研究描述了同样的发展路径。第二，V型发展路径以A的从属小句比率发展轨迹为代表，表现为"先降后升"的发展路径。DST认为，该维度经历了"斥力—引力"的状态转换且表现稳定。这种路径被证实存在于二语其他子系统上（VanPatten & Williams 2015；Zheng 2016）。第三，钟型发展路径以A的复杂名词短语比率发展轨迹为代表，表现为"先升后降"的发展路径。从DST来看，该维度经历了"引力—斥力"的状态转换。第四，混合型发展路径为钟型+V型，以W并列短语比率的发展轨迹为代表，表现为"升—降—升"的发展路径。从DST来看，该维度经历了"引力—斥力—引力"的变化，表现出螺旋式上升的趋势。具体来说，W在使用并列结构的过程中经历了"使用—放弃—再使用"的三个不同阶段，说明W最终对其用法有了更加深入的认识和了解。Wolfe-Quintero et al.（1998）提出二语学习者书面语句法复杂性发展阶段为：不完整句子→独立小句→并列句→副词性从句→形容词性和名词性从句→形容词短语、副词短语和名词性短语。并列结构是二语学习者较早掌握的句法结构。从W的发展路径来看，W能够更加熟练地使用并列结构，与其他结构结合使用。

5.2 句法复杂性各维度交互关系的变异性

相关系数揭示了各维度间整体交互关系的个体间变异，移动相关系数图揭示了交互关系的动态性和个体内变异。相关系数的变异性表明句法复杂性各维度总体交互关系存在个体间变异，A 表现为竞争关系时 W 却表现为支持关系，反之亦然。这两种交互关系与江韦姗和王同顺（2015）的研究发现一致。

移动相关系数图证实了句法复杂性各维度间交互关系发展的动态性和变异性。动态性主要表现为：句法各维度间的交互关系不是稳定竞争或支持，而是竞争与支持交替并存、动态波动。这种动态性与郑咏滟（2015）的研究发现一致。例如，整句长度和复杂名词短语比率的交互关系表现为"支持—竞争—支持"的发展模式而非稳定的"支持"发展模式。从 DST 来看，这两个维度构成了关联生长点，其发展表现出动态性。

个体间变异主要表现为 A 和 W 的交互关系发展模式存在显著差异。例如，在整句长度和从属小句比率交互关系发展中，A 表现为"竞争—支持—竞争—支持"而 W 却表现为"竞争—支持—竞争"。从 DST 来看，这两个维度关联生长点的发展表现出显著个体间变异。交互关系发展模式也存在显著的个人内部差异。例如，在 LS 和 DC 交互关系上，A 表现为"竞争—支持—竞争—支持"的模式；但在整句长度和并列短语比率交互关系上，A 却表现为"竞争—支持—竞争"的模式。

从 DST 来看，句法复杂性各维度作为二语发展子系统。各维度间的交互关系预示着关联生长点。交互关系的动态性和变异性证实了关联生长点的动态性和变异性，也证实了 Norris 和 Ortega（2009）提出的"曲线关联"（curvilinear relationship）。具体表现为，不同关联生长点的发展模式不同，不同个体在同一关联生长点的发展模式也表现出差异。正是因为这些差异存在，不同个体间在句法复杂性整体发展上表现出差异，同一个体在不同维度的发展亦存在差异。从认知角度来看，关联生长点的动态性和变异性在一定程度上暗示了学习者在发展过程中对资源调配的动态性和变异性。

6. 结语

本研究对两名英语学习者句法复杂性发展变化进行了为期一年的历时追踪研究。借助 DST 的移动极值图、再抽样法、蒙特卡洛模拟、LOESS 平滑技术、移动相关系数图等方法，揭示了英语学习者句法复杂性各维度发展路径和其交互关系的变异性。研究发现，英语学习者句法复杂性发展显现出四种发展路径：传统型、V 型、钟型与混合型。句法复杂性各维度交互关系是竞争与支持交替并存、动态波动的，证实了各维度关联生长点的动态性和变异性。

本研究对英语写作教学有一定的启示。首先，英语教师应该认识到，由于关联生长点的动态性和变异性，英语学习者作文句法复杂性各维度呈现出不同的发展路径，其交互关系呈现竞争与支持交替并存、动态波动的趋势。再者，在写作教学中，英语教师应该鼓励学生均衡发展句法复杂性各维度，能根据表达需要选择恰当的结构。发现英语学习者句法复杂性各维度发展不均衡时，教师应提醒学生并进行适当的教学干预。最后，教师应倡导偶尔聚焦于形式的教学模式，注意形式与意义的平衡，使英语学习者认识到英语作文不仅仅是炫耀复杂形式，而是形式与意义要相匹配。

参考文献

Berman, R. A. & L. Verhoeven. 2002. Cross-linguistic perspectives on the development of text-production abilities: Speech and writing [J]. *Written Language and Literacy* 5(1): 1-43.

Bulté, B. & A. Housen. 2014. Conceptualizing and measuring short-term changes in L2 writing complexity [J]. *Journal of Second Language Writing* 26: 42-65.

Chang, P. & L. J. Zhang. 2021. A CDST perspective on variability in foreign language learners' listening development [J]. *Frontiers in Pscyhology* 12: 1-14.

De Bot, K., W. Lowie & M. Verspoor. 2005. *Second Language Acquisition: An Advanced Resource Book* [M]. London: Routledge.

De Bot, K., W. Lowie & M. Verspoor. 2007. A Dynamic Systems Theory approach to second language acquisition [J]. *Bilingualism: Language and Cognition* 10(1): 7-21.

Dornyei, Z. 2009. Individual differences: Interplay of learner characteristics and learning environment [J]. *Language Learning* 59(S1): 230-248.

Ellis, R. & F. Yuan. 2004. The effects of planning on fluency, complexity, and accuracy in second language narrative writing [J]. *Studies in Second Language Acquisition* 26(1): 59-84.

Huang, T., R. Steinkrauss & M. Verspoor. 2021. Variability as predictor in L2 writing proficiency [J]. *Journal of Second Language Writing* 100787: 1-14. (in press)

Johnson, M. D., L. Mercado & A. Acevedo. 2012. The effect of planning sub-processes on L2 writing fluency, grammatical complexity, and lexical complexity [J]. *Journal of Second Language Writing* 21(3): 264-282.

Khushik, G. A. & A. Huhta. 2020. Investigating syntactic complexity in EFL learners' writing across Common European Framework of Reference levels A1, A2, and B1 [J]. *Applied Linguistics* 41(4): 506-532.

Larsen-Freeman, D. 2009. Adjusting expectations: The study of complexity, accuracy and fluency in second language acquisition [J]. *Applied Linguistics* 30(4): 579-589.

Larsen-Freeman, D. & L. Cameron. 2008. *Complex Systems and Applied Linguistics* [M]. Oxford: Oxford University Press.

Lu, X. 2010. Automatic analysis of syntactic complexity in second language writing [J]. *International Journal of Corpus Linguistics* 15(4): 474-496.

Lu, X. 2011. A corpus-based evaluation of syntactic complexity measures as indices of college-level ESL writers' language development [J]. *TESOL Quarterly* 45(1): 36-62.

Lu, X. & H. Ai. 2015. Syntactic complexity in college-level English writing: Differences among writers with diverse L1 backgrounds [J]. *Journal of Second Language Writing* 29: 16-27.

Norris, J. & L. Ortega. 2009. Towards an organic approach to investigating CAF in instructed SLA: The case of complexity [J]. *Applied Linguistics* 30(4): 555-578.

Ong, J. & L. J. Zhang. 2010. Effects of task complexity on the fluency and lexical complexity in EFL students' argumentative writing [J]. *Journal of Second Language Writing* 19: 218-233.

Ong, J. & L. J. Zhang. 2013. Effects of the manipulation of cognitive processes on EFL writers' text quality [J]. *TESOL Quarterly* 47(2): 375-398.

Polat, B. & Y. Kim. 2014. Dynamics of complexity and accuracy: A longitudinal case study of advanced untutored development [J]. *Applied Linguistics* 35(2): 184-207.

Thelen, E. & L. Smith. 1994. *A Dynamic Systems Approach to the Development of Cognition and Action* [M]. Cambridge, MA: The MIT Press.

van Dijk, M. W. G. 2004. Child language cuts capers: Variability and ambiguity in early child development [D]. Unpublished Ph.D. dissertation. University of Groningen.

VanPatten, B. & J. Williams. 2015. *Theories in Second Language Acquisition: An Introduction* (2nd Ed.) [M]. New York, NY: Routledge.

Verspoor, M., K. De Bot & W. Lowie. 2011. *A Dynamic Approach to Second Language Development* [M]. Amsterdam: John Benjamins.

Verspoor, M., W. Lowie & M. Van Dijk. 2008. Variability in second language development from a Dynamic Systems perspective [J]. *The Modern Language Journal* 92(2): 214-231.

Vyatkina, N. 2012. The development of second language writing complexity in groups and individuals: A longitudinal learner corpus study [J]. *The Modern Language Journal* 96(4): 576-598.

Wolfe-Quintero, K., S. Inagaki & H. Kim. 1998. *Second Language Development in Writing: Measures of Fluency, Accuracy, and Complexity* [M]. Honolulu, HI: University of Hawaii Press.

Zheng, Y. 2016. The complex, dynamic development of L2 lexical use: A longitudinal study on Chinese learners of English [J]. *System* 56: 40-53.

鲍贵，2009，英语学习者作文句法复杂性变化研究[J]，《外语教学与研究》（4）：291-297+321。

江韦姗、王同顺，2015，二语写作句法表现的动态发展[J]，《现代外语》（4）：503-514+584。

李兰霞，2011，动态系统理论与第二语言发展[J]，《外语教学与研究》（3）：409-421+480-481。

秦晓晴、文秋芳，2007，《中国大学生英语写作能力发展规律与特点研究》[M]。北京：中国社会科学出版社。

许春燕、L. J. Zhang、战菊，2017，动态系统论视角下跨洋互动写作课程学生英语作文的复杂度、准确度和流利度研究[J]，《中国外语》（6）：53-61。

徐晓燕、王维民、熊燕宇、蒋婧、潘小燕、孙念红，2013，中国英语专业学生英语议论文句法复杂性研究[J]，《外语教学与研究》（2）：264-275+320。

王丽萍、吴红云、L. J. Zhang，2020，外语写作中任务复杂度对语言复杂度的影响[J]，《现代外语》（4）：503-515。

Zhang, L. J.、王丽萍、吴红云，2017，认知语言学视阈下二语习得语言复杂度研究的元分析（1990-2015）[J]，《复旦外国语言文学论丛》（1）：53-60。

郑咏滟，2015，基于动态系统理论的自由产出词汇历时发展研究[J]，《外语教学与研究》（2）：276-288+321。

郑咏滟、冯予力，2017，学习者句法与词汇复杂性发展的动态系统研究[J]，《现代外语》（1）：57-68+146。

作者简介：

张建华，四川文理学院外国语学院副教授，新西兰奥克兰大学在读博士。主要研究领域：大学英语写作与教学。

Lawrence Jun ZHANG（通信作者），新西兰奥克兰大学教育学院教授，博士生导师。主要研究领域：二语读写发展、对比修辞、学术英语。电子邮箱：lj.zhang@auckland.ac.nz

二语作者和母语作者语言特征的体裁差异研究

陈宁阳

苏州大学

提要：体裁问题是二语写作研究长期关注的热点之一。以往研究多从量化指标出发，考察中低水平二语作者在特定写作任务中的表现，较少涉及具有一定基础的二语作者在不同体裁写作任务中的语言特征及其潜在影响因素。本研究通过收集中美大学生记叙文和议论文两种体裁的习作样本，从词汇复杂度和句法复杂度维度观测中美大学生写作语言特征，发现二语作者的写作样本在多项量化指标上与母语作者接近，但在记叙文体裁写作任务中的语言特征差异显著，从一定程度上反映出二语作者和母语作者在体裁意识方面存在结构性差异。通过对二语作者回访进一步发现，导致二语作者不同体裁写作语言特征差异的原因可能来自母语背景、体裁经验、社会文化环境和整体二语水平等诸多方面。

关键词：二语写作；母语写作；语言特征；体裁差异

1. 引言

　　体裁问题是国际二语写作研究长期以来关注的热点（徐锦芬、聂睿 2015），国内研究主要集中在理论先导之下的文本分析，面向教学实践的研究较为有限（孙厌舒、王俊菊 2015）。全球化趋势下跨语言交际情境日益复杂，如何帮助学习者提高语言使用的灵活适应性，自如应对不同情境下的交际任务，已成为二语教学面临的一大现实挑战。尽管国内外对于英语作为二语写作者的研究甚蕃，但考察作者不同体裁写作表现的研究并不多（Matsuda & De Pew 2002；Ortmeier-Hooper & Enright 2011）。其中，关注中国大学生英语写作体裁问题的研究主要涉及口头、书面语交际（吴瑾、邹青 2009）和不同体裁写作任务的认知加工过程（徐翠芹 2019）等，未具体讨论不同体裁写作任务中语言特征反映出的体裁差异，因而我们对一系列问题的认识尚不明朗。英语作为二语的中国大学生在多大程度上具备跨体裁的写作能力？与母语作者相比，二语作者的跨体裁写作能力特征有无差异？这些问题都值得探讨。

　　从以上研究出发，本研究对比考察中美大学生记叙文和议论文写作样本，用量化与质性分析相结合的方法，探究两组学生在不同体裁写作任务中的表现特点，以及可能造成表现异同的潜在原因，以期为二语写作体裁研究提供新证据和新思路。

2. 二语写作中的语言特征与体裁差异

　　体裁是近年来二语写作研究领域的热点，主要研究路径可大致分为系统功能语言学、专门用途英语和北美新修辞学派三类（Hyon 1996）。系统功能语言学视角下的体裁研究着力于体裁大类的语言特征描写，分析对象包括词汇特征和句子结构（Martin 2013）。专门用途英语领域内较为典型的体裁分析主要针对某一类语篇或语篇部分展开，以学术体裁文本的语步分析为代表（Swales 1990）。新修辞学派关注语篇中声音的对话，以及其中隐含的权力身份关系（Miller 1984）。其中，系统功能语言学范式将语言特征与体裁特征相联系，贴近二语作者语言和写作能力同步发展的特点，具有较为直接的教学意义，因而广受青睐（孙厌舒、王俊菊 2015）。

在英文文献中，体裁的语言特征研究有丰富的研究成果。Biber（1992）用多维分析法考察了33个语言特征项在23个英语口笔语体裁文本中的分布情况，总结出语言特征项在特定体裁文本中的分布规律，而后又细致考察了高校场景中口语和书面语体裁的语言特点（Biber et al. 2002），从融入性和信息性、叙述性和非叙述性、情景依赖性和详尽性、显性劝说和非显性劝说、非客观风格和客观风格五大维度，描述了不同场景交际任务中的语言特征。

面向写作教学的体裁研究中的代表性思路之一，是从语言特征入手，对比分析母语作者和二语作者文本之间的体裁差异，尝试在语言特征和体裁风格之间构建起某种假设性关联。比如，Yoon 和 Polio（2017）比较了英语母语学生和二语学生的记叙文和议论文写作，发现二语作者在不同体裁写作中的语言复杂性差异明显，但历时变化不大，准确性方面进步甚微；与之相比，母语作者仅在部分语言复杂性指标上表现出体裁差异。Staples 和 Reppen（2016）分析了母语为英语、阿拉伯语和汉语的大学新生在两个写作任务（对某一作品进行修辞特征分析；就自选话题展开讨论）中的表现，通过考察类符形符比、定语形容词、前修饰语名词、动词+that从句、名词+ that 从句和状语从句在学生习作中的使用情况，发现不同母语背景作者在某些词汇句法的使用上存在共性，而在议论文的态度表达和衔接方式上存在差异。Berman 和 Nir-Sagiv（2004）考察了小学、初高中到大学不同年龄段学生的语言能力发展情况，记录了被试在记叙文和说明文体裁写作任务中的表现。他们发现，被试产出记叙文和说明文在动词类型、时态、情态等方面具有显著差异，不同体裁的语言差异在低龄被试中最明显，随年龄增长差异逐渐缓和。研究者认为，成熟写作者能够将记叙文的描述和说明文的概括有效结合，实现表达技巧的融会贯通。Qin 和 Uccelli（2016）考察了中国中学生的跨体裁写作能力，发现学生在记叙文和议论文写作中表现相当，而在词汇句法层面，议论文写作的复杂性更高。Bi（2020）从学习者角度出发，探讨体裁经历对二语写作文本特征的影响，研究发现不同语言水平的中国学生在英语议论文和记叙文的文本特征方面均存在差异，其原因可能为体裁交际目的和体裁输入频率方面的差异。

以上研究均针对不同体裁二语写作语言特征进行考察，但尚存以下几个方面的局限性。首先，研究对象主要集中在初、中级水平的二语作者，对有一定专业知识和写作经验的群体关注较少。其次，因所考察的二语作者水平有限、写作任务限时较短，产出的样本篇幅有限，绝大多数不超过500词（Ortega 2003），对作者在叙述或话题展开过程中的语言表现观测不够充分，多数百余词的记叙文产出类似格式化的应试作文，缺少记叙体裁中重要的细节描写。再次，研究着重发现语言特征及其与写作水平之间的关联性，倾向于将母语作者作为参考系，发现和解释二语作者文本的"问题"，未将不同母语背景的作者置于平等位置，从二语作者所处的语言环境和体裁经验出发（如 Bi 2020），深入分析学校教育、社会文化背景等因素对作者跨体裁写作能力的潜在影响。

基于以上观察，本研究旨在探讨有一定语言基础的二语作者不同体裁写作样本的语言特征，比较不同体裁写作任务中母语作者与二语作者的表现，探究影响二语作者表现的可能因素。具体而言，本研究主要回答以下三个问题：

（1）在不同体裁写作任务中，母语作者和二语作者的写作样本在词汇和句法复杂度方面有何特征和差异？

（2）在相同体裁写作任务中，母语作者和二语作者的写作样本在词汇和句法复杂度方面有何特征和差异？

（3）影响二语作者不同体裁写作任务表现的潜在因素有哪些？这些因素对写作表现有何影响？

3. 研究方法

3.1 参与者

研究语料来自笔者自行设计和实施的写作实验，参与者为72名本科三年级学生（中美各36名）。其中，中国学生来自东部沿海城市某综合性大学英语专业，美国学生来自某美国高校中国分校社会与文化分析专业。两组学生年龄相当（平均年龄分别为20.4和21.6岁），性别比例接近（女性占比分别为78%和73%），学科背景相似（均为文科专业）。

3.2 数据收集

实验写作任务分为记叙文和议论文两部分。为留给作者一定的发挥空间，采用半开放式命题设计：记叙文要求作者记录一次难忘的游览经历；议论文要求作者就某个感兴趣的媒体文化现象展开讨论。为保证样本的充分性，两个写作任务均设置了1,000词的长度下限。由于中美高校的学期安排有所不同，中美学生的写作样本收集分别在2019年9—10月与2020年4—5月完成。写作样本由学生限时段在线提交，收集后由人工去除拼写、大小写和标点符号等技术性错误（语法错误保留），整理后保存为纯文本文件，语料总量为153,828词。表1为中美学生写作样本的总体情况介绍。

表1　中美大学生写作样本总体情况

	中国学生（n=36）		美国学生（n=36）	
	记叙文	议论文	记叙文	议论文
平均词数（标准差）	1,045 (83.4)	1,085 (79.5)	1,067 (78.6)	1,076 (84.0)
区间	1,012-1,414	1,010-1,469	1,005-1,232	1,003-1,386
总词数	37,620	39,060	38,412	38,736

　　参与实验的中国学生完成写作任务后，作者随机选择12名学生进行了访谈，访谈面对面单独进行，每位学生的访谈时间为15至20分钟不等。访谈内容主要聚焦不同体裁写作任务完成过程的反思（"你在写记叙/议论文时感受如何？是否遇到困难？"），以及影响自身写作表现的潜在因素（"你觉得自己的写作表现可能受到了哪些因素的影响？"）。访谈录音数据转写后借助ATLAS.ti软件对文本进行主题分析，提炼出与研究问题相关的核心主题。

3.3　数据分析

　　研究使用二语词汇句法复杂性分析器（Lu 2010，2012），结合文献（Lu 2012；赵晴、汪顺玉 2020）选择了词汇复杂性和句法复杂性共12个指标对样本进行观测（见表2）。

表2　写作样本中词汇句法复杂性的观测指标

维度	指标项	定义
词汇复杂性	词汇密度（LD）	实词数量与总单词数的比率
	词汇复杂度（LS）	复杂词汇（Linnarud 1986；Hyltenstam 1988）与总单词数的比率
	平方根类符形符比（RTTR）	总单词种类数与总词数平方根的比率
	实词变化性（LV）	实词种类数与实词总数的比率
	动词变化性（VV）	动词种类数与动词总数的比率
	名词变化性（NV）	名词种类数与名词总数的比率
句法复杂性	句子平均长度（MLS）	由结句标点（句号、感叹号、问号）划分的句子平均包含的单词数
	子句平均长度（MLC）	主语和限定动词的句子结构（不包含非限定性动词短语）平均包括的单词数
	T单位平均长度（MLT）	由一个主句及其从属子句或主句及其附着或内嵌的非子句结构平均包含的单词数
	子句内平均从句数（DC/C）	限定形容词、副词或名词功能的从句数量与子句数的比率
	子句内平均并列短语数（CP/C）	并列短语（包含并列形容词短语、副词短语、名词短语和动词短语）数量与子句数的比率

（待续）

（续表）

维度	指标项	定义
	子句内平均复杂名词短语数（CN/C）	复杂名词短语（包含一个或多个形容词、所有格、介词短语、形容词小句、分词或同位语修饰成分；名词小句；作主语的动名词和动词不定式）数量与子句数的比率

4. 研究结果

4.1 不同体裁写作样本之间的比较

整体而言，中国学生写作样本语言特征的体裁差异不明显。如表3所示，词汇特征方面，仅在词汇密度一个指标项上存在显著差异，即议论文的词汇密度大于记叙文；在词汇复杂度和变化性方面没有显著差异。在句法特征方面，议论文子句内部复杂性高于记叙文，主要反映在子句内平均并列短语数、复杂名词短语数两个指标项上，与议论文体裁文本强信息性的特点相吻合。

表3　中国大学生写作样本的描述性统计分析结果（n=36）

指标项	记叙文		议论文	
	均值（标准差）	区间	均值（标准差）	区间
LD*	0.52 (0.02)	0.50-0.55	0.54 (0.02)	0.50-0.59
LS	0.36 (0.05)	0.27-0.44	0.33 (0.05)	0.23-0.42
RTTR	12.74 (1.24)	11.17-15.63	12.43 (1.41)	9.66-14.15
LV	0.66 (0.06)	0.59-0.77	0.63 (0.05)	0.52-0.71
VV	0.16 (0.03)	0.13-0.23	0.14 (0.02)	0.11-0.17
NV	0.63 (0.10)	0.53-0.83	0.59 (0.04)	0.49-0.65
MLS	17.47 (1.42)	15.13-19.80	21.40 (6.78)	13.54-37.69
MLC	10.54 (0.97)	9.05-11.84	11.44 (1.80)	9.37-15.08
MLT	15.41 (1.26)	13.44-17.34	19.07 (5.53)	12.32-31.61
DC/C	0.31 (0.04)	0.22-0.36	0.35 (0.07)	0.23-0.48
CP/C*	0.25 (0.08)	0.14-0.39	0.37 (0.14)	0.20-0.62
CN/C*	1.25 (0.20)	0.99-1.63	1.53 (0.35)	1.11-2.14

注：* $p<0.05$

相比之下，美国学生写作样本在词汇密度和词汇变化性上的体裁差异较为明显。如表4所示，议论文在词汇密度上高于记叙文，实词的使用更富有变化，而动词的变化性则不如记叙文。这一发现符合议论文和记叙功能语篇在体裁风格上的差异，即前者为信息密集型文本，多集中使用特定动词进行说理论证，而后者偏向过程细节描写，使用动词的范围更广（Biber et al. 2000：359）。句法特征上，议论文的子句平均长度更长，子句内包含的复杂名词短语更多。

表4　美国大学生写作样本的描述性统计分析结果（n=36）

指标项	记叙文		议论文	
	均值（标准差）	区间	均值（标准差）	区间
LD*	0.52 (0.02)	0.48-0.56	0.54 (0.03)	0.48-0.59
LS	0.37 (0.06)	0.26-0.50	0.34 (0.07)	0.20-0.48
RTTR	12.09 (1.11)	9.77-15.33	12.47 (1.54)	7.39-17.39
LV*	0.57 (0.05)	0.47-0.68	0.67 (0.10)	0.32-0.82
VV*	0.13 (0.02)	0.09-0.16	0.11 (0.01)	0.09-0.15
NV	0.53 (0.06)	0.40-0.63	0.53 (0.08)	0.25-0.69
MLS	23.99 (5.05)	17.77-39.36	24.04 (4.17)	16.27-33.79
MLC*	11.67 (1.47)	9.50-15.85	12.47 (1.46)	8.95-15.88
MLT	20.89 (3.89)	14.74-31.42	21.22 (3.80)	15.24-29.40
DC/C	0.41 (0.08)	0.25-0.59	0.38 (0.11)	0.16-0.56
CP/C	0.38 (0.12)	0.22-0.70	0.36 (0.11)	0.18-0.60
CN/C*	1.46 (0.27)	1.16-2.32	1.62 (0.29)	1.09-2.34

* 注：$p<0.05$

4.2　不同母语背景作者写作样本之间的比较

通过比较两组学生的写作样本，发现显著差异集中存在于记叙文的句法特征上。具体表现为美国学生记叙文中的平均句长、子句、T单位长度和子句内结构复杂度（从句数、并列短语数、复杂名词短语数）均显著高于中国学生。在议论文体裁中，此类句法复杂性差异则主要体现在子句平均长度上。

表5　中美大学生写作样本的比较分析结果

指标项	记叙文		指标项	议论文	
	中国学生	美国学生		中国学生	美国学生
	均值（标准差）			均值（标准差）	
LD	0.52 (0.02)	0.52 (0.02)	LD	0.54 (0.02)	0.54 (0.03)
LS	0.36 (0.05)	0.37 (0.06)	LS	0.33 (0.05)	0.34 (0.07)
RTTR	12.74 (1.24)	12.09 (1.11)	RTTR	12.43 (1.41)	12.47 (1.54)
LV	0.66 (0.06)	0.57 (0.05)	LV	0.63 (0.05)	0.67 (0.10)
VV	0.16 (0.03)	0.13 (0.02)	VV	0.14 (0.02)	0.11 (0.01)
NV	0.63 (0.10)	0.53 (0.06)	NV	0.59 (0.04)	0.53 (0.08)
MLS*	17.47 (1.42)	23.99 (5.05)	MLS	21.40 (6.78)	24.04 (4.17)

（待续）

（续表）

记叙文			议论文		
指标项	中国学生	美国学生	指标项	中国学生	美国学生
	均值（标准差）			均值（标准差）	
MLC*	10.54 (0.97)	11.67 (1.47)	MLC*	11.44 (1.80)	12.47 (1.46)
MLT*	15.41 (1.26)	20.89 (3.89)	MLT	19.07 (5.53)	21.22 (3.80)
DC/C*	0.31 (0.04)	0.41 (0.08)	DC/C	0.35 (0.07)	0.38 (0.11)
CP/C*	0.25 (0.08)	0.38 (0.12)	CP/C	0.37 (0.14)	0.36 (0.11)
CN/C*	1.25 (0.20)	1.46 (0.27)	CN/C	1.53 (0.35)	1.62 (0.29)

*注：$p < 0.05$

整体而言，中国学生的写作样本在词汇指标方面与美国学生不相上下，词汇密度相当，美国学生写作样本的词汇复杂度略高，差异在议论文写作中更为明显，如：

(1) To give a brief introduction, We-Media means that everyone can send and receive the message through the Internet. [S1] To some extent, it is a good way for ordinary citizens to know the truth, instead of reading or listening to the old cliché prepared by the traditional media. [S2]（中国学生议论文写作样例）

(2) Even with the growing sentiment that technological surveillance may prove worrisome, it is important to note that the individual is acutely aware of their observed status. [S1] With the proliferation of media becoming more intrusive, there is a heightened consciousness of unity through consumption, which may prove to be a growing or retreating trend. [S2]（美国学生议论文写作样例）

以上写作样例中每组各包含两个句子，二语作者样本句子总长47词，类符39个，单词平均包含音节数为1.6个，平均词长为4.7个字母，其中含三个及以上音节的单词有8个（17.02%）。母语作者样本句子总长53词，类符40个，单词平均包含音节数为1.8个，平均词长为5.5个字母，其中含三个及以上音节的单词有15个（28.30%）。根据学术词表（Coxhead 2000）分类，二语作者使用了三个学术词汇（traditional，brief，media），母语作者使用了七个学术词汇（individual，consumption，technological，status，aware，trend，media）。在名词的使用上，二语作者偏向用途广泛的普通名词（如everyone，way，truth，cliché），母语作者使用了更多的抽象名词和名词化结构（如sentiment，surveillance，proliferation，consciousness），表现出较明显的英语学术体裁文本的语言特征（Biber et al. 2000）。

相较而言，两组学生记叙文样本的句法复杂度表现不同，在句子、子句、T单位平均长度和句内从句、并列短语和复杂名词短语平均值方面均存在显著差异。示例如下：

(3) During the long time waiting, we moved inch by inch and finally got into the Palace Museum. [S1] How to describe the visual shock it presented to me? [S2] The authentic Chinese red was accompanied by the glorious yellow under the azure sky. [S3] Several ravens glided around the eaves of palaces. [S4] Colors were so unalloyed that the red was just being red like cinnabar with no impurities. [S5] It was not like the cinnabar mole written by Eileen Chang which represents only the affairs between men and women. [S6] It's kind of dignity, leaving you no place for "lascivious commotion." [S7]（中国学生记叙文写作样例）

(4) Atop the interesting economic dynamic of the Temple, there also exists a complex social one. [S1] A majority of the attendees at the Temple at the time of our class's visit were middle- to old-aged Chinese people, presumably locals. [S2] There was a clear community in existence, as most of the people seemed to be interacting with friends, moving about leisurely, and appeared comfortable in their surroundings. [S3] They prayed, spoke, ate traditional food, sat amongst services, played music, and even engaged in traditional money folding and burning as a typical Chinese Buddhist ritual. [S4] All that being said, there was a strange juxtaposition between this community of regulars and the large group of tourists also milling about as they enjoyed the beautiful weather. [S5] Tourists of all races entered sacred spaces, spoke loudly, took photos, asked questions, and very likely stared at the others. [S6] Though it is very likely that the Temple's frequent visitors and the members of the community are used to the existent tourism that "off" sense remained nonetheless, raising the question if a sacred space can exist while both types of parties feel comfortable. [S7]（美国学生记叙文写作样例）

以上两段描述选自中美学生记叙体裁习作中的连续文本，各包含七个句子，但母语作者文本总长度（184词）接近二语作者文本总长度（97词）的两倍。除母语作者用词更为丰富外，整体而言两者在词汇复杂度方面差别不大，但在句法复杂度上差异明显。从表面看，二语作者的句子构造相对简单，包含形式简单的并列结构（例3中S1）、从属修饰结构（例3中S2、S5和S6）和分词状语结构（例3中S7）。相比之下，母语作者的句子构造整体较为复杂，多数句子包含子句（例4中S3、S5和S7），且子句内部也包含复杂结构。如S7中though引导的让步状语从句内包含形容词从句，主句后跟随的分词状语结构raising the question后续修饰成分中又包含if

引导的名词从句和 while 引导的状语从句。

　　进一步分析不难发现，母语作者在简单句的构造上也与二语作者存在明显差异。首先句型富有变化，作者使用了状语前置的倒装结构（例4中S1和S2），凸显位于视野中心的景物和人物。其次，简单句中连续使用以动词为核心的并列短语结构（例4中S4和S6），记录人物的动作细节（prayed, spoke, ate, sat, played music, engaged in traditional money folding and burning, entered, spoke, took photos, asked questions, stared 等）。在一定程度上，使用这些功能性结构帮助作者实现了记叙文摹景状物的表达功能。相比而言，二语作者在句型的选择上较为单调，个别结构隐约映射出汉语记叙文的风格特点。

4.3 影响二语作者表现的潜在因素

　　通过分析访谈语料，本研究发现影响二语作者不同体裁写作任务表现的三大因素分别为母语背景、作者经验和社会文化环境。

　　首先是母语思维倾向性。多数二语作者提到在写作过程中借助母语进行思考的倾向，这种倾向性在记叙文写作中表现更为明显。类似的"母语思维"可能直接或间接地影响了二语作者的语言风格，如有学生提到汉语记叙文一般多用短句、零句、散句（"行云流水般的流水句"），而学术议论文中则常见欧化长句（"带翻译腔、很长一句话没标点"）。类似基于母语读写经验的体裁意识迁移到二语写作中，可能导致中国学生写英语记叙文时倾向于使用简单句，而在议论文中则更多地使用结构相对复杂的长句。

　　其次是作者的体裁经验。多数受访学生提到平时写作训练中以议论文写作任务为主（如课程论文、读书报告等），而对一定篇幅的记叙文写作任务接触相对较少（"三年没写过几篇记叙文"）。这导致在记叙简单个人经历时词汇缺乏（"搜肠刮肚找不到词"）、结构不清（"写得散散的"）、体裁含混（"写着写着就感觉变成了议论"）。参与实验的中国学生是英语专业三年级学生，具有一定专业训练基础，但多数学生反映日常写作训练涉及的体裁类型较为单一，以议论文体裁的写作任务为主（"主要写 essay 和 paper 之类"）。由于专业课程压力等原因，大部分学生表示少有机会接触教材之外其他体裁的英语文本，仅有个别学生提及通过阅读笔记、文学翻译、记英语日记等方式，积累了一些英语记叙文写作的经验。

　　最后是社会文化环境因素。受访学生普遍提及用非母语书写母语社会文化经历的挑战。由于游览经历的记叙中不可避免地涉及社会文化负载词（如对传统习俗、地貌民风、建筑特色等的描写），而此类表达尚未进入二语作者的积极词汇储备（"只知道汉语，不清楚用英语怎样表达"），在一定程度上阻碍了二语作者记叙文的写作。

　　此外，所有受访学生均提及二语水平局限导致表达不到位，不能"我手写我心"。而与二语水平直接关联的经验积累也是所有受访学生提到的导致和解决表达困难的突破口（"平时练得少就写不出"、"想得心应手就要多练习"）。

5. 讨论

通过对比英语母语作者和二语作者在记叙文和议论文两种体裁写作任务中的表现，研究发现，整体而言，二语作者在词汇和句法复杂度多项指标上与母语作者较为接近。这与以往研究（如 Eckstein & Ferris 2018；Lu & Ai 2015）中二语作者和母语作者在词汇和句法复杂性方面存在明显差异的发现有所不同，其原因可能受二语能力和写作任务等因素的影响。首先，本研究考察的二语作者是具有一定语言基础、接受过写作训练的英语专业高年级学生，在写作任务中能够利用学习积累的二语知识和写作经验进行一定程度的发挥，而不仅停留在低阶段学习者对程式化模板的依赖和语言材料的机械套用上。二语水平赋能"创作"，使作者能在写作中积极调用词汇句法资源，丰富表达手段。同时，有研究表明，经过系统性训练，二语作者在某体裁领域的写作表现可能达到母语作者水平，写作经验的影响力可能超越母语背景（Zhao 2017）。从写作任务看，本研究中"写长文"的任务设计为作者提供了展开话题的可能，也为调用更为丰富多样的词汇句法资源创造了契机。这是因为在有限的篇幅内，作者很难展开具体描述或论证，往往刚交代事件或阐明论题就草草收尾，缺少细节处的语言表达机会。而不同体裁文本的语言差异，除宏观特征外，还可能体现在细节的表达上（如句内复杂度指标等）。因此，为全面考察作者的写作能力，在写作任务的设计上应考虑能力发挥的可能空间。

此外，研究发现在记叙文体裁的写作任务中，母语和二语作者在句法复杂度特征上存在差异，二语作者在记叙文写作中的句子相对更简单。此前有研究（Neff et al. 2004）发现母语为西班牙语的英语二语作者与英语母语作者相比，在表达复杂信息时更偏向使用主从句结构而非复杂词组构造。该句法复杂度特征差异，可能是受到跨语言修辞迁移（cross-rhetorical transfer）的影响。汉语为母语背景的二语作者也可能受到类似影响，在英语记叙文的写作中潜意识地融入了汉语记叙文表达的相关特征。

这些研究发现一定程度上反映出当前二语写作教学中可能存在的问题：写作教学中体裁类型较为单调，对学生跨体裁写作能力的培养不足。二语写作课堂在教授显性体裁知识的同时，应为学生体裁意识的隐性习得创造机会（孙厌舒、王俊菊 2015）。在具体的教学设计中，可以先将不同写作任务对应的交际场景按照经验熟悉程度加以分类，对于相对陌生的交际场景中的写作任务适当增加显化学习的比例，对于相对熟悉的交际场景中的写作任务则可以增加隐性习得的比例，有意识地启发学生自主观察探索，通过分析比较相同体裁的英汉代表性文本，发现相似交际场景中跨语言的写作特点。在写作练习的设计方面，应适当考虑体裁的多样性，通过不同交际任务（如书信、观览笔记、新闻稿等）使学生适应不同书面表达场景的特点，增加跨体裁表达的自信心和灵活度。此外，为综合提升学生的二语水平，在积累英语文化词汇的同时，也应积极补充本土社会文化特色词汇及其表达策略，帮助学生提升二语表达的创造力，为基于本土观察的英语书写打下语言基础。

6. 结语

　　本研究以中美大学生记叙文和议论文写作样本为对象，考察了英语二语作者和母语作者在不同体裁写作任务中的语言复杂性特征。研究发现：有一定基础的二语作者产出文本在多项复杂性指标上与母语作者接近，但在记叙文体裁写作任务中与母语作者差异较为明显。导致该差异的原因除可能的母语背景和社会文化环境影响之外，也可能与体裁经验和二语水平有一定的潜在关联。该研究结果为二语写作教学任务设计提供了一定参考。在写作课程的设计上，可以通过增加写作训练体裁的多样性和任务的场景性，全面提升学生的体裁意识和写作能力，帮助他们成为熟练驾驭多体裁写作任务的二语作者。

参考文献

Berman, R. A. & B. Nir-Sagiv. 2004. Linguistic indicators of inter-genre differentiation in later language development [J]. *Journal of Child Language* 31(2): 339-380.

Bi, P. 2020. Revisiting genre effects on linguistic features of L2 writing: A usage-based perspective [J]. *International Journal of Applied Linguistics* 30(3): 429-444.

Biber. D. 1992. On the complexity of discourse complexity: A multidimensional analysis [J]. *Discourse Processes* 15(2): 133-163.

Biber, D., S. Conrad., R. Reppen., P. Byrd & M. Helt. 2002. Speaking and writing in the university: A multidimensional comparison [J]. *TESOL Quarterly* 36(1): 9-48.

Biber. D., S. Johansson., G. Leech., S. Conrad & E. Finegan. 2000. *Longman Grammar of Spoken and Written English* [M]. London: Longman.

Coxhead, A. 2000. A new academic word list [J]. *TESOL Quarterly* 34(2): 213-238.

Eckstein, G. & D. Ferris. 2018. Comparing L1 and L2 texts and writers in first-year composition [J]. *TESOL Quarterly* 52(1): 137-162.

Hyltenstam, K. 1988. Lexical characteristics of near-native second-language learners of Swedish [J]. *Journal of Multilingual and Multicultural Development* 9(1-2): 67-84.

Hyon, S. 1996. Genre in three traditions: Implications for ESL [J]. *TESOL Quarterly* 30(4): 693-722.

Linnarud, M. 1986. *Lexis in Composition: A Performance Analysis of Swedish Learners' Written English* [M]. Lund, Sweden: CWK Gleerup.

Lu, X. 2010. Automatic analysis of syntactic complexity in second language writing [J]. *International Journal of Corpus Linguistics* 15(4): 474-496.

Lu, X. 2012. The relationship of lexical richness to the quality of ESL learners' oral narratives [J]. *The Modern Language Journal* 96(2): 190-208.

Lu, X. & H. Ai. 2015. Syntactic complexity in college-level English writing: Differences among writers with diverse L1 backgrounds [J]. *Journal of Second Language Writing* 29: 16-27.

Martin, J. R. 2013. Looking out: Functional linguistics and genre [J]. *Linguistics and the Human Sciences* 9(3): 307-321.

Matsuda, P. K. & K. E. De Pew. 2002. Early second language writing: An introduction [J]. *Journal of Second Language Writing* 11(4): 261-268.

Miller, C. 1984. Genre as social action [J]. *Quarterly Journal of Speech* 70(2): 151-167.

Neff, J., E. Dafouz., M. Díez., R. Prieto & C. Chaudron. 2004. Contrastive discourse analysis: Argumentative text in English and Spanish [A]. In C. L. Moder & A. Martinovic-Zic (eds.). *Discourse Across Languages and Cultures* [C]. Amsterdam/Philadelphia: John Benjamins. 267-283.

Ortega, L. 2003. Syntactic complexity measures and their relationship to L2 proficiency: A research synthesis of college-level L2 writing [J]. *Applied Linguistics* 24(4): 492-518.

Ortmeier-Hooper, C. & K. A. Enright. 2011. Mapping new territory: Toward an understanding of adolescent L2 writers and writing in US contexts [J]. *Journal of Second Language Writing* 20(3): 167-181.

Qin, W. & P. Uccelli. 2016. Same language, different functions: A cross-genre analysis of Chinese EFL learners' writing performance [J]. *Journal of Second Language Writing* 33: 3-17.

Staples, S. & R. Reppen. 2016. Understanding first-year L2 writing: A lexico-grammatical analysis across L1s, genres, and language ratings [J]. *Journal of Second Language Writing* 32: 17-35.

Swales, J. M. 1990. *Genre Analysis: English in Academic and Research Settings* [M]. Cambridge: Cambridge University Press.

Yoon, H. J. & C. Polio. 2017. The linguistic development of students of English as a second language in two written genres [J]. *TESOL Quarterly* 51(2): 275-301.

Zhao, J. 2017. Native speaker advantage in academic writing? Conjunctive realizations in EAP writing by four groups of writers [J]. *Ampersand* 4: 47-57.

孙厌舒、王俊菊，2015，二语写作体裁教学研究的回顾与反思[J]，《解放军外国语学院学报》（1）：44-50。

吴瑾、邹青，2009，中国学生英语口笔语语体特征研究：词汇密度与词频[J]，《山东外语教学》（1）：8-13。

徐翠芹，2019，从写作停顿看体裁差异对中国英语学习者写作认知加工过程的影响[J]，《解放军外国语学院学报》（4）：103-110+160。

徐锦芬、聂睿，2015，基于CiteSpace的国际二语写作研究动态可视化分析（2004-2014）[J]，《外语电化教学》（4）：3-9。

赵晴、汪顺玉，2020，不同水平学生英语作文的句法复杂性研究[J]，《外语测试与教学》（3）：21-28。

作者简介：

陈宁阳，苏州大学外国语学院师资博士后。主要研究领域：英汉比较、英汉学术写作、语料库语言学。电子邮箱：rosaliechen@126.com

外语写作焦虑与写作质量：词汇丰富性差异研究 *

张家强　郭　丽

深圳大学

提要：本研究采用《二语写作焦虑量表》，通过问卷对等距抽样取得的 128 名非英语专业大学生进行调查，并收集他们的期末作文，按照被试的写作焦虑值将作文分别建成低、中、高焦虑组语料库，检验不同焦虑组语料库在词汇丰富性三个常见指标上的差异。研究发现，被试普遍体验到中等程度写作焦虑；高焦虑组被试在体现写作质量的三个词汇丰富性指标上均与低、中焦虑组存在显著性差异，高焦虑组被试作文的词汇变化度、词汇复杂度显著低于低、中焦虑组；但由于高焦虑组被试的写作篇章长度较短、句子结构较简单及词组使用较少，写作的词汇密度显著高于低、中焦虑组。文章最后对大学英语写作教学及评估方式提出了建议。

关键词：写作焦虑；写作质量；词汇丰富性

1. 引言

焦虑是影响语言学习的重要情感因素，甚至被认为是阻碍有效语言学习的主要因素（Arnold 2005）。在写作过程中表现出来的焦虑不同于一般的心理紧张，体现出一种产生于特定写作情境的焦虑特质（Woodrow 2011）。在外语写作任务中，写作者运用非母语进行写作，通常会比本族语写作者有更多焦虑体验，更容易产生写作焦虑（李航 2015）。目前大部分研究发现学习者在外语写作过程中体验到较高程度的焦虑，且写作焦虑与写作成绩之间存在负相关关系，即写作焦虑越高，写作质量越低（如 Cheng et al. 1999；Horwitz 2001；郭燕、秦晓晴 2010；李航 2015）。截至目前，与写作焦虑相关的研究大多采用整体评分法获得的写作成绩作为写作质量的评价指标，不利于发现写作焦虑对学习者语言质量的具体影响。对不同焦虑水平学习者写作的细节特征，如词汇、句法、流利度等进行量化分析，有助于揭示焦虑对外语写作质量的影响，对外语写作教学也有一定的启示意义。

2. 文献综述

写作焦虑由 Daly 和 Miller（1975：176）提出，指"学习者在写作过程中表现出来的焦虑行为，如逃避写作任务、担心自己的作文被他人阅读或评议等"。这种焦虑可能会阻碍写作过程的顺利进行，导致写作困难，使学习者对写作任务及活动产生痛苦、消极的情绪。早期写作焦虑研究大多采用 Daly 和 Miller（1975）开发的

---

* 本研究为深圳大学高水平大学建设项目"英语学习焦虑与语言技能关系研究"（项目编号：84800000206）的部分成果。本文撰写过程中得到秦晓晴教授和王红岩教授的指导，特此致谢。

《写作焦虑测试量表》（*Writing Apprehension Test*，简称WAT），以本族语学习者或者母语为英语的学习者为研究对象（Cheng 2004）。Cheng et al.（1999）采用WAT对中国台湾地区英语专业学生的外语写作进行了调查，发现外语写作焦虑不同于一般的写作焦虑，是一种具有特殊性、专属于外语写作输出过程的学习焦虑。Cheng（2004：314）认为"Daly和Miller开发的《写作焦虑测试量表》主要针对母语为英语的本族语学习者，无法揭示外语写作焦虑的核心特质"。通过借鉴前人研究及分析外语学习焦虑的多维结构，Cheng（2004）编制了《二语写作焦虑量表》（*Second Language Writing Anxiety Inventory*，简称SLWAI）。该量表中含有肢体感焦虑、认知焦虑和回避行为三个因子。经过Cheng（2004）及其他学者（如郭燕、秦晓晴 2010；李航 2015）的检验，该量表具有较高信度和效度，适合测量外语写作焦虑。

　　无论是对英语为母语的学习者的写作焦虑研究，还是对以英语为外语的学习者的写作焦虑研究，都取得了较为一致的结果，即高焦虑学习者与低焦虑学习者在英语写作中的表现存在明显差异，写作焦虑与写作水平（成绩）呈显著负相关，高焦虑学习者的写作成绩往往比低焦虑学习者低（如Cheng et al. 1999；郭燕、秦晓晴 2010；李航 2015）；其中大部分研究运用标准化量表，采用定量方法探究写作焦虑与写作成绩之间的相关关系（如Cheng et al. 1999；Lee & Krashen 1997；郭燕、秦晓晴 2010；李航 2015）。这些研究大多采用整体评分来衡量写作质量，鲜有研究分析不同焦虑水平学习者写作质量的具体差异，如语言复杂性、准确性、流利性等。

　　作为写作质量的重要组成部分，词汇能有效区分学习者的写作能力水平，是写作质量有效的区分成分（Laufer & Nation 1995）。Raddaoui（2004）认为词汇的一些特征可以区分作文的优劣，这些特征中包括"词汇丰富性"或"词汇复杂性"。一般来说，常用的词汇丰富性包含词汇变化度、词汇密度和词汇复杂度等指标（Read 2000）。

　　词汇变化度指文本中类符和形符的比率，即篇章中不同类型词汇和所有词汇之比，用于反映语言学习者在语言使用中展示的词汇使用范围。词汇密度衡量文本中实义词占总形符的比例，用来反映句子传递的信息量的大小。如果句中实义词较多，则句子所载信息量就大，传递的信息也越多（Poulisse & Bongaert 1994）。词汇复杂度则体现为文本中低频词的覆盖率，用来反映学习者产出性词汇量的相对大小。

　　研究表明，上述词汇丰富性指标与写作质量高度相关，能有效区分不同水平写作者的写作质量（Engber 1995；Laufer & Nation 1995）。Engber（1995）发现词汇变化度与写作质量具有显著的正相关关系；Linarud（1986）发现不同水平组的写作者之间的词汇密度有显著差异；Laufer和Nation（1995）发现词汇复杂度能有效区分不同能力水平学习者的作文，且能体现不同写作阶段的发展趋势；鲍贵（2008）也证实词汇复杂度是区分不同水平组词汇差异的最重要指标。

目前在外语写作研究领域，大部分研究聚焦写作焦虑与写作成绩之间的相关关系，很少有研究深入分析不同焦虑水平学习者的写作在语言质量上的具体差异。本研究拟回答以下问题：

（1）中国非英语专业大学生在外语写作中焦虑状况如何？

（2）不同外语写作焦虑水平的大学生的写作质量在词汇丰富性上是否存在差异？如有，差异具体体现于哪些指标？

3. 研究方法

3.1 被试

本研究中被试是华南地区某高校非英语专业本科一年级 B level 课程的 128 名学生。该校本科生在入学时按新生英语水平测试成绩进行分班，高于平均分一个标准差的学生参加 A level 课程，位于平均分正负一个标准差区间的学生参加 B level 课程，低于平均分一个标准差的学生参加 C level 课程。本研究按照 B level 课程学生的学号，以 10：1 的比例进行等距抽样，最终样本为 128 人，其中男生 58 人（45.3%）、女生 70 人（54.7%），平均学习英语约六年时间。

研究过程中，参照 Daly（1978）对焦虑学生分组的方法，根据被试的问卷得分，以量表平均值（68.13）为基准，以一个标准差（15.77）为范围，将被试分成了三个写作焦虑水平组，即低焦虑组（21 人）、中焦虑组（84 人）和高焦虑组（23 人）。

3.2 研究工具

3.2.1 外语写作焦虑量表

本研究采用 Cheng（2004）编制的《二语写作焦虑量表》，并将量表翻译成中文，翻译时参考了郭燕和秦晓晴（2010）的中文量表。量表共 22 个题项，采用李克特 5 分量表形式，每个题项设有从"这完全不符合我的情况"（1 分）到"这完全符合我的情况"（5 分）5 个选项。22 个题项中有 7 个为反向题项（第 1、4、7、17、18、21 及 22 题），在统计分值时反向赋分。所有 22 个题项的总得分为外语写作焦虑值，范围在 22 至 110 之间。分数越高表明写作焦虑程度越高，反之焦虑程度越低。

3.2.2 英语写作成绩测量

英语写作测试采用大学英语四级考试作文试题，作文题目为 A course that has impressed you most in college。在考试中，被试需在 30 分钟内完成写作，规定字数不少于 120 但不多于 180 词。

3.3 数据收集与分析

3.3.1 焦虑量表数据及写作成绩收集

被试以班级为单位，在期末考试考场上完成了写作测试部分，之后填写《二语写作焦虑量表》。所有被试均仔细阅读了问卷填写说明，然后根据自己的实际情况在 15 分钟内完成了问卷。问卷不记名，但记录学生的学号，完成之后由任课老师回收并交给笔者，之后笔者按照学号顺序，以 10：1 的比例进行等距抽样。

研究者获得问卷数据后先将反向题项数值进行转换，之后用SPSS 20.0进行统计分析。根据被试的问卷得分，以平均值为基准，以一个标准差为范围，将被试分成三个写作焦虑水平组，即被试得分高于平均值一个标准差的为高焦虑组，得分低于平均值一个标准差的为低焦虑组，其他被试为中焦虑组。

将被试完成的作文输入电脑，并按照写作焦虑值分成的高、中、低三个焦虑组建成三个小型语料库。

3.3.2 词汇丰富性指标统计

本文使用Readability Analyzer 1.1（北外语料库语言学网）来统计不同焦虑组写作语料库的形符、类符及词汇变化度（类形符比率）；使用VocabProfiler在线版（www.lextutor.ca/VP/eng）测量每篇作文的词汇密度；使用RANGE软件测量词汇复杂度。所有数据均用SPSS 20.0进行统计分析和差异检验。

4. 结果与讨论

4.1 非英语专业大学生的外语写作焦虑状况

表1是被试的外语写作焦虑调查的描述统计数据。可以看出，《二语写作焦虑量表》在本次调查中的总体量表及三个因子的Cronbach系数分别为0.917、0.832、0.911和0.795，说明量表内部一致性较高。通过调查发现，一年级非英语专业学生的写作总体焦虑水平值为68.13，平均单项焦虑水平值为3.10。根据Oxford和Burry-Stock（1995）对李克特5分量表制的解释，均值等于或高于3.5可列为高等程度，均值等于或低于2.4可列为低等程度，平均值介于2.5和3.4之间的为中等程度。表1显示被试体验到中等程度的外语写作焦虑。在三个因子中，肢体感焦虑相对较低，接近中等焦虑水平；认知焦虑次之，属于中等焦虑水平；而规避行为值最高，为3.81，达到了高等水平。本研究结果中的总体量表均值和各因子均值略高于郭燕和秦晓晴（2010）及李航和刘儒德（2013）等人研究取得的均值，但总体趋势一致，即规避行为焦虑感最高，认知焦虑稍低，肢体感焦虑最低。

表1　外语写作焦虑描述统计表

外语写作焦虑	单项平均值	总平均值	标准差	项目数量	Cronbach 系数
肢体感焦虑	2.49	17.44	6.23	7	0.832
认知焦虑	2.99	23.98	7.29	8	0.911
规避行为	3.81	26.70	5.13	7	0.795
总体焦虑	3.10	68.13	15.77	22	0.917

4.2 不同焦虑水平学习者写作词汇丰富性差异

4.2.1 词汇变化度

表2是不同焦虑组写作词汇基本统计信息。从表2可以看出，低焦虑组被试的作文平均长度约191词，比中焦虑组（171）和高焦虑组（154）的平均作文长度明显要长。同时，三种焦虑组的作文平均类符数也表现出了同样的趋势。另外，低焦虑组的被试作文的平均标准化类形符比也最高，为0.57，均高于中焦虑组（0.51）和高焦虑组（0.47）。

表2   不同焦虑组写作词汇描述统计表

	平均形符数	平均类符数	平均标准化类形符比
低焦虑组	190.62	101.00	0.57
中焦虑组	171.14	91.95	0.51
高焦虑组	154.43	83.74	0.47
整体样本	171.43	91.96	0.52

单因素方差事后检验（见表3）发现低焦虑组、中焦虑组和高焦虑组在形符、lemma类符和lemma标准化类形符比上都存在显著性差异（$p<0.05$）。

表3   不同焦虑组组间词汇变化性差异检验

变量	（I）焦虑组	（J）焦虑组	均值差（I-J）	标准误差	Sig.
形符	低	中	19.47619*	6.18055	0.008
	低	高	35.66253*	7.64600	0.000
	中	高	16.18634*	5.96170	0.028
Lemma 类符	低	中	9.04762*	3.08485	0.016
	低	高	17.26087*	3.81629	0.000
	中	高	8.21325*	2.97562	0.025
Lemma 标准化 类形符比	低	中	−0.00351*	0.01340	0.026
	低	高	−0.01150*	0.01658	0.004
	中	高	−0.00799*	0.01293	0.028

注：* $p<0.05$

结合表2和表3可以得知，低焦虑组的作文比中焦虑组和高焦虑组的作文都要长，且存在显著性差异。文本长度通常被看成是限时作文中写作流畅的标志，高质量作文往往具有一定的文本长度，因此作文长度的差异反映出低焦虑被试的写作质量在流畅性上要高于中、高焦虑组被试。同时，作文的长短也反映了篇章扩展能力，篇章的拓展一般是通过增加新信息来实现的，即增加新的词汇和句子等。对中级水平的外语学习者来说，由于重复词汇很容易，但拓展篇章却较难（Reynolds

2010)，因此低焦虑组被试具有更好的篇章拓展能力。此外，低焦虑组被试作文的类形符比最高，说明低焦虑组被试在写作时运用了不同类型的词汇，而不是简单地重复有限的词汇，这一发现与Read（2000）关于高质量作文具有的词汇特征相吻合。

中、高焦虑组词汇变化度显著低于低焦虑组被试的原因可能与焦虑情绪占用认知资源有关。Tobias认为"焦虑的学生倾向于更多关注自我的、与任务不相关的、贬低自己的认知，而非集中注意力在任务本身上，这些跟任务不相关的想法会与任务相关的认知互相竞争，夺取资源"（转引自Horwitz & Young 1991：43），导致无焦虑或低焦虑的学生比焦虑的学生在提取词汇资源上具有明显优势，从而能提取更多不同类型的词汇。周保国和唐军俊（2010）曾通过有声思维法探究二语写作焦虑对写作过程的影响，发现高焦虑组学生害怕自己写不好、害怕负面评价、害怕作文评分低等，这些与实际写作任务无关的思想压力过度占用他们有限的认知资源，从而影响写作水平发挥。相比之下，低焦虑组的学生受到的与任务无关的杂念的干扰较小，更能集中精力有效完成写作任务。由此可见，过高的焦虑情绪会对认知过程产生妨碍性干扰，影响写作质量。

本研究结果与Faigley et al.（1981）的研究结果一致，他们发现不同焦虑水平的大学生作文在写作长度上存在显著差异，低焦虑者的作文字数比高焦虑者的字数多且类形符比最高，从词汇变化度上验证了低焦虑者的写作质量比高焦虑者的要高的结论。

4.2.2 词汇密度

低、中、高焦虑组被试写作的词汇密度统计见表4。表4显示，高焦虑组被试作文的词汇密度高于中焦虑组和低焦虑组，说明高焦虑组被试的写作中实义词比例最高。

表4　不同焦虑组写作词汇密度描述统计表

焦虑组	低焦虑组	中焦虑组	高焦虑组
词汇密度	0.49	0.48	0.52

单因素方差事后检验（见表5）表明低焦虑组和中焦虑组被试在词汇密度上不存在显著性差异，但低焦虑组和高焦虑组、中焦虑组和高焦虑组被试之间在词汇密度上均存在显著性差异（$p<0.01$）。

表5　不同焦虑组组间词汇密度差异检验

（I）焦虑组	（J）焦虑组	均值差（I-J）	标准误差	Sig.
低	中	0.00286	0.00898	0.951
低	高	−0.03785[**]	0.01111	0.004
中	高	−0.04070[**]	0.00867	0.000

注：** $p<0.01$

本研究中高焦虑组被试的写作密度明显高于低、中焦虑组且存在显著性差异，该结果从表面上看与 Linarud（1986）、鲍贵（2008）等的研究结果相矛盾，他们发现词汇密度能显著区别不同的写作质量，词汇密度高的作文写作质量高。如果单从词汇密度上看，高焦虑组的写作质量明显高于低焦虑组和中焦虑组，但实际情况并非如此。导致高焦虑组词汇密度高的一个主要原因是高焦虑组被试的作文的长度（形符数）显著短于低焦虑组和中焦虑组（见表2），而词汇密度会受到文章长度的影响，即文章越短，词汇密度越高（Laufer & Nation 1995）。该结果与 Gregori-Signes 和 Clavel-Arroitia（2015）的研究结果一致，他们发现大学四年级学生的写作水平明显高于大学一年级，但是词汇密度却显著低于后者，其中主要原因是高水平被试的作文远远长于低水平被试的作文。

另外，高焦虑组被试作文的词汇密度明显偏高还可能与他们在写作中使用较为简单的句子结构（如较短的句子、较少的短语等）有关。检索三个焦虑组的作文语料库发现，相对于低焦虑组和中焦虑组，高焦虑组较少使用功能词（如介词、连词等）。表6以常见功能词（冠词、介词、连词）为例，列举了三个焦虑组作文语料库词频排位前20位里的功能词使用情况。从表6可以看出，与低、中焦虑组被试语料库相比，高焦虑组使用介词（如 to、in、of）比例明显偏低，说明他们在写作中可能使用词组较少；同时，在排名前20位的词汇中，高焦虑组作文语料库中没有出现其他组使用的连词 that 和 for，而这两个连词通常被用来连接从句。因此，可以初步判断高焦虑组使用的句子结构较为简单，该结果与 Faigley et al.（1981）的研究结果相吻合。

表6　不同焦虑组功能词使用情况表

功能词	低焦虑组		中焦虑组		高焦虑组	
	排位	比例	排位	比例	排位	比例
the	1	39‰	1	40‰	1	41‰
to	2	32‰	3	27‰	4	24‰
in	3	29‰	4	27‰	5	15‰
and	5	25‰	5	24‰	3	25‰
of	7	22‰	7	19‰	13	11‰
a	8	20‰	6	21‰	7	13‰
for	14	14‰	15	13‰		
that	18	10‰	13	14‰		

其中值得关注的一个现象是低、中焦虑组无论是在词汇密度上，还是在句法结构上均不存在显著差异，但都与高焦虑组被试显著不同，造成该现象的原因可能与焦虑情绪对二语学习影响的机制有关。Spielberger 在提出关于焦虑对学习成就影响

的理论模型时，认为低、中等焦虑能促进学习，而当任务较难时，高焦虑则会阻碍学习（转引自Horwitz & Young 1991：20）。显然，二语写作是较难的输出任务，涉及单词的拼写、语义、语用、句法，甚至语篇功能的整体外语能力。此外，该现象也可能与高焦虑被试写作时采用回避策略有关，这在写作焦虑调查中得到了印证。在二语写作焦虑量表的三个因子中，规避行为值最高，达到了高度程度。心理学家提出，应对焦虑有三种基本策略：积极认知策略、积极行动策略和回避策略（郭燕、秦晓晴 2010）。高焦虑被试的规避行为值最高反映出他们在应对写作焦虑时主要采取回避策略，在遣词造句时避免了使用可能会给他们带来困难的较为复杂的句型。

4.2.3 词汇复杂度

表7显示的是低、中、高三个焦虑组作文语料库中词汇使用的不同词频层级比较，包括最常用1,000词、次常用1,000词、学术词和表外词。

表7 不同焦虑组作文语料库词汇复杂度比较

焦虑组	最常用 1000 词		次常用 1000 词		学术词		表外词		总词数
低焦虑组	3414	85.57%	259	6.49%	154	3.85%	163	4.09%	3990
中焦虑组	3257	85.91%	228	6.01%	147	3.87%	160	4.21%	3791*
高焦虑组	2785	88.68%	134	4.12%	54	1.68%	179	5.52%	3234

注：* 由于低、中、高焦虑组人数不同，三组语料库大小不同，为方便比较，中焦虑组的字数进行了相应换算。

在最常用1,000词中，三个焦虑组都使用了比例极高的常用词（高频词），三组语料库中超过85%以上的词汇都属于基础词汇。低焦虑组和中焦虑组语料库中高频词比例较类似，但高焦虑组语料库中高频词比例明显高于前两者，虽然卡方检验结果在最常用1,000词比例上，高焦虑组与低焦虑组（$p=0.801$）及中焦虑组（$p=0.927$）不存在显著差异，高焦虑组在限时作文时有依赖高频词的倾向。

相对于最常用1000词，三个焦虑组都较少使用次常用1,000词，该类词只占作文语料库4%到6.5%。卡方检验发现高焦虑组在使用次常用1,000词的比例上与低、中焦虑组均存在显著差异（$p=0.000$），而低焦虑组和中焦虑组在该词频上没有显著差异（$p=0.400$）。三个焦虑组在学术词上也表现出了同样的差异，即低焦虑组和中焦虑组在学术词（低频词）使用上没有差异（$p=0.769$），但高焦虑组与低焦虑组（$p=0.000$）及中焦虑组（$p=0.000$）之间均存在显著差异。该结果表明，在限时作文的情况下，高焦虑组更倾向于使用高频词，不能像低焦虑组和中焦虑组那样提取低频词来表达思想。以上发现与Laufer和Nation（1995）、Meara 和 Bell（2001）及鲍贵（2008）等人的研究结果相吻合。Laufer和Nation（1995）发现高比例地使用高频词的学习者写作质量较低，而高比例地使用学术词（低频词）的学习者写作质量较高。

另外，在表外词（低频词）上，三个焦虑组被试都使用了非常低比例的表外词，低焦虑组和中焦虑组使用了约4%的表外词，高焦虑组使用了约5.5%的表外词。卡方检验显示高焦虑组被试使用的表外词显著高于低焦虑组（p=0.005）和中焦虑组（p=0.001）。但值得说明的是，该结果并不意味着高焦虑组更多地使用了低频词。这与RANGE软件有关，RANGE软件把拼写错误的单词都归为表外词。对语料库中表外词分析发现，这些表外词并非属于低频词汇，而是被试拼写错误的高频词汇，例如：teached、slove、squear、compus、cource、attented等。这个结果从另一个角度说明高焦虑组的被试在词语拼写方面出现较多的错误。该结果与Faigley et al.（1981）、汪顺玉（2011）等人的研究结果一致，他们均发现低水平的写作者在作文中会犯更多的单词拼写错误。

低、中焦虑组被试无论是在低频词的使用频率上还是在错误词汇的比例上均不存在显著差异，但都与高焦虑组被试显著不同，再次证实了Spielberger的理论，即低、中等焦虑情绪能促进学习，而高等程度焦虑则会阻碍外语学习（转引自Horwitz & Young 1991）。同时，高焦虑被试极少使用低频词，而且犯有更多单词拼写错误，可能与焦虑对外语学习影响的三个阶段有关。Tobias（1983）认为，焦虑会在学习的三个阶段具体影响学习效果：在信息输入阶段，焦虑导致的注意力缺陷会阻碍部分信息的输入；在信息处理阶段，焦虑会干扰新存入的信息的演练；在输出阶段，焦虑会影响提取信息。他指出，输入阶段的焦虑会导致后面阶段可供处理与提取的信息不足，处理阶段的焦虑会占用有限的认知资源从而干扰正常有效的信息处理活动，最终导致在输出阶段已经处理好的、可供提取的信息匮乏，继而导致词汇输出不足或词汇输出错误。

5. 结论与启示

本研究采用写作焦虑量表，通过问卷对非英语专业大学生进行调查，并检验不同焦虑水平组被试的作文在词汇丰富性三个常用指标上的差异。研究发现，被试普遍体验到中等程度写作焦虑；高焦虑组被试在体现写作质量的三个词汇丰富性指标上均与低、中焦虑组存在显著性差异，高焦虑组被试作文的词汇变化度、词汇复杂度均显著低于低、中焦虑组；但由于高焦虑组被试的写作篇章长度较短、句子结构较简单及词组使用较少，写作的词汇密度显著高于低、中焦虑组。

不同焦虑组被试在词汇丰富性三个指标上的差异表明，焦虑情绪，尤其是高程度的焦虑对写作能力的发挥及写作质量产生明显的负面影响。因此，在外语写作教学中应把降低学生过高的写作焦虑作为提升学生写作质量的有效途径之一。同时，教师在批阅作文时，如果对学生作文中的语言错误采取宽容的态度、给予个性化的鼓励以及针对性的建议、关注他们在写作过程中的进步，可帮助他们转移对错误的恐惧和忧虑，认识到自己的长处，提高自我效能感，从而摆脱消极的心理感知。

　　另外，写作的时间限制和无准备状况下进行写作（"肢体焦虑"因子）是引起焦虑情绪的另一个重要因素。如果教师能参与学生的写作过程，尤其是写前阶段帮助学生构思，引导和培训学生的相关写作策略，能有效降低写作焦虑情绪。同时，教师在课堂上可组织一些群体活动（如学生互评、小组评议等）来创造相对轻松的课堂氛围，鼓励学生参与其中，帮助学生活跃思维、打开思路，增强自我效能感和主动承担写作任务的责任感，从而降低焦虑水平。

　　从评估写作质量方面看，我国目前各级外语考试的作文评分标准都较重视语言的流利度和准确度，如对作文的字数、语法错误作了特别的提示，但对词汇未作特别要求，而国际英语考试写作评分标准往往含有词汇要求。因此，在作文评分标准的制定中，我们可考虑嵌入词汇标准，重视词汇质量对写作评定的贡献或可对大学英语写作教学带来积极的反拨作用。

参考文献

Arnold, J. 2005. *Affect in Language Learning* [M]. *Cambridge*: Cambridge University Press.

Cheng, Y. S. 2004. A measure of second language writing anxiety: Scale development and preliminary validation [J]. *Journal of Second Language Writing* 13(4): 313-335.

Cheng, Y., E. K. Horwitz & D. L. Schallert. 1999. Language anxiety: Differentiating writing and speaking components [J]. *Language Learning* 49(3): 417-446.

Daly, J. A. 1978. Writing Apprehension and Writing Competency [J]. *The Journal of Educational Research* 72(1): 10-14.

Daly, J. & M. D. Miller. 1975. Apprehension of writing as a predicator of message intensity [J]. *The Journal of Psychology* 89(2): 175-177.

Engber, C. A. 1995. The relationship of lexical proficiency to the quality of L2 compositions [J]. *Journal of Second Language Writing* 4(2): 139-155.

Faigley, L., J. A. Daly & S. P. Witte. 1981. The role of writing apprehension in writing performance and competence [J]. *The Journal of Educational Research* 75(1): 16-21.

Gregori-Signes, C. & B. Clavel-Arroitia. 2015. Analysing lexical density and lexical diversity in university students' written discourse [J]. *Procedia-Social and Behavioral Sciences* 198: 546-556.

Horwitz, E. K. & D. J. Young. 1991. *Language Anxiety: From Theory and Research to Classroom Implications* [M]. Englewood Cliffs, NJ: Prentice Hall.

Horwitz, E. K. 2001. Language anxiety and achievement [J]. *Annual Review of Applied Linguistics* 21(1): 112-126.

Lee, S.-Y. & S. Krashen. 1997. Writing apprehension in Chinese as a first language [J]. *ITL-International Journal of Applied Linguistics* 115(1): 27-37.

Laufer, B. & P. Nation. 1995. Vocabulary size and use: Lexical richness in L2 written production [J]. *Applied Linguistics* 16(3): 307-322.

Linarud, M. 1986. *Lexis in Composition: A Performance Analysis of Swedish L2 Learner's Written English* [M]. Malmo: CWK Gleerup.

Meara, P. & H. Bell. 2001. A simple and effective way of describing the lexical characteristics of short

L2 text [J]. *Prospect* 16(3): 323-337.

Oxford, R. L. & J. Burry-Stock. 1995. Assessing the use of language learning strategies worldwide with the ESL/EFL version of the strategy inventory for language learning (SILL) [J]. *System* 23(1): 1-23.

Poulisse, N. & T. Bongaerts. 1994. First language use in second language production [J]. *Applied linguistics* 15(1): 36-57.

Raddaoui, A. H. 2004. Fluency: A quantitative and qualitative account [J]. *The Reading Matrix* 4(1): 11-25.

Read, J. 2000. *Assessing Vocabulary* [M]. Cambridge: Cambridge University Press.

Reynolds, W. 2010. Language in the balance: Lexical repetition as a function of topic, cultural background and writing development [J]. *Language Learning* 51(3): 437-476.

Tobias, S. 1983. Anxiety and cognitive processing of instruction [A]. In R. Schwarzer (ed.). *Self-Related Cognition in Anxiety and Motivation* [C]. NJ: Lawrence Erlbaum Association. 35-54.

Woodrow, L. 2011. College English writing affect: Self-efficacy and anxiety [J]. *System* 39(4): 510-522.

鲍贵，2008，二语学习者作文词汇丰富性发展多纬度研究[J]，《外语电化教学》（5）：38-44。

郭燕、秦晓晴，2010，中国非英语专业大学生的外语写作焦虑测试报告及其对写作教学的启示[J]，《外语界》（2）：54-62+82。

李航，2015，大学生英语写作焦虑和写作成绩的准因果关系：来自追踪研究的证据[J]，《外语界》（3）：68-75。

李航、刘儒德，2013，大学生外语写作焦虑与写作自我效能感的关系及其对写作成绩的预测[J]，《外语研究》（2）：48-54+112。

汪顺玉，2011，大学英语四级写作样卷的词汇复杂度分析[J]，《重庆邮电大学学报》（6）：104-110。

周保国、唐军俊，2010，二语写作焦虑对写作过程影响的实证研究[J]，《外语教学》（1）：64-68。

作者简介：

张家强（通信作者），深圳大学外国语学院副教授，硕士。主要研究领域：二语习得、语料库语言学。电子邮箱：stephenhust@szu.edu.cn

郭丽，深圳大学外国语学院副教授，硕士。主要研究领域：语言测试。

中国大学生英语写作动机实证研究 *

李孟端

海南师范大学

提要：动机在二语写作表现和发展中扮演着重要角色。本研究采用问卷调查法探究了国内五所不同类型高校的 754 名大学生在英语写作学习中的动机。研究发现：大学生写作动机总体水平较低，其英语写作动机主要包括写作想象、写作自我效能感、期望—价值、教师角色、写作自我调控、外部动机和内部动机。此外，英语水平差异对中国大学生的写作动机有显著影响。本研究对丰富和促进二语写作动机理论和实践研究具有重要意义。

关键词：写作动机；写作想象；英语水平；中国大学生

1. 引言

写作是二语学习中最具挑战性的语言技能之一，在外语环境中更是如此。因而，教师和研究者经常思考两个问题：（1）为什么大部分学生缺乏写作动力？（2）英语写作学习中的动机有哪些？动机可以解释人类的特定行为和表现，如人们为什么选择做某事、可以维持多久以及愿意付出多少努力（Dörnyei 2005）。诸多二语学习动机研究表明，学习动机越强，学生的成绩和表现越好（Yeung et al. 2020）。与此同时，动机也被视为影响二语写作表现和发展的最主要因素之一。遗憾的是，在过去四十年里，尽管二语动机和二语写作研究都得到了长足发展，但二语写作动机研究却仍处于起步阶段（Lee et al. 2018）。

目前国内外关于二语写作动机的研究较少，且大部分研究集中在如何借助其他方法和途径提升学生在英语写作中的动机（Sherafati et al. 2020；许幸、刘玉梅 2018）。有研究强调英语写作动机的重要性（Graham et al. 2017），并指出写作动机与性别、年级、写作能力以及英语水平有显著正相关关系（Troia et al. 2013）。还有少量研究是针对二语写作动机结果的理论思考（Troia et al. 2012）和实证研究（MacArthur et al. 2016；惠良红、马砾 2012）。譬如，Troia et al.（2012）指出自我效能感信念、自我感知的写作能力、掌握目标、表现目标、任务兴趣、任务价值和成败归因是影响写作动机的主要因素。MacArthur et al.（2016）从学生对写作的信念、目标、自我效能感和喜欢程度等方面分析，发现这四个变量对写作动机有显著影响。惠良红和马砾（2012）从自我效能、写作兴趣、写作效价、表现目标、写作目的和掌握目标等六个方面分析英语写作动机，发现学生英语写作动机与动机调控

---

* 本研究为海南省教育规划一般项目"大学英语'对分'课堂模式建构及实证研究"（项目编号：QJY201710113）的阶段性成果。

策略呈显著正相关关系。

目前国内有关英语写作动机的研究仍存在不足。首先，多数研究缺乏对英语写作动机内容结构的深入分析。其次，以往研究所使用的测量工具多基于对国外工具的直接修订，极少探索新的变量。再次，现有研究表明写作动机与英语水平存在正相关关系，然而，少有研究探索学生英语水平差异对英语写作动机的影响。为弥补以上研究空白，本研究引入"写作想象"这一新变量探究其对二语写作的影响，拟回答以下两个问题：

（1）中国大学生的英语写作动机类型有哪些？总体动机水平如何？

（2）英语水平差异对大学生写作动机有何影响？

2. 研究设计

2.1 研究对象

通过便利抽样，本研究选取山东、河南、海南和四川的五所不同类型高校（包括综合类大学、师范类大学、医学类大学、职业技术学校和私立大学）的754名大学生作为研究对象（详见表1）。这些学生在调查进行前均参加过大学英语四级考试并获得四级成绩报告单。被调查者中女生数量是男生两倍。造成此现象的原因是，英语专业以女生为主，外加某些院校的专业设置原因（如医学院的护士专业），所以女生比例更大。此外，由于医学院和职业技术学校没有设置英语专业，因此这两所学校的参加人数较少。参与本研究前，这些学生至少学习了两个学期的写作课程，平均拥有11年的正式英语学习时间。这些学生根据其大学英语四级分数被分为三组：高水平组（500分以上）、中水平组（425—500分）、低水平组（424分及以下）。

表1　问卷调查参与者信息

参与者信息		人数	百分比
性别	男	202	26.8%
	女	522	73.2%
年级	大二	561	74.4%
	大三	144	19.1%
	大四	49	6.5%
专业	英语专业	236	31.3%
	非英语专业	518	68.7%
学校类别	综合类大学	193	25.6%
	师范类大学	182	24.1%
	医学类大学	98	13%
	私立大学	173	22.9%
	职业技术学校	108	14.4%

2.2 问卷编制

学习动机可能受到学术成就、自我认知、自我调控行为以及即时学习环境的影响。鉴于动机的多维特征及英语写作的复杂性，探索外语环境下学生的英语写作动机至关重要。本问卷中部分问卷项目改编自Teng（2016）、You和Chan（2015）和Payne（2012）的问卷。改编主要包括问卷翻译以及项目增减。

问卷主体包括38个题项，采用李克特六级问卷进行评测。具体评测标准如下：问题1—30，从1到6分别表示"1完全不同意、2不同意、3基本不同意、4基本同意、5同意、6完全同意"。问题31—38，从1到6分别表示"1完全不相符、2不相符、3有点不相符、4有点相符、5相符、6完全相符"，记为1—6分。参与者基本信息部分旨在了解参与者的个人信息，包括年龄、年级、专业、学校和大学英语四级考试成绩等。本研究的问卷高度结构化，其题项得到了本研究领域多位专家的认可，并对30名在校大学生进行了先测。基于学生反馈和专家意见，对涉及项目的措辞进行了校正以保证问卷项目的准确度。

2.3 数据收集与分析

问卷填写工作均在课堂内完成，共计回收有效问卷754份。问卷均为匿名填写，且所有参与者都被提前告知问卷项目没有正确或错误的答案，问卷填写过程中的任何疑问和建议都被及时记录并解决。问卷填写时间为6到8分钟。

问卷收集完成后，我们先对问卷数据进行了清理以检查问卷的有效性和可靠性。我们使用IBM SPSS 22.0对数据进行编码。随后，对754份问卷进行了探索性因子分析。数据分析均通过IBM SPSS 22.0进行。

3. 结果与讨论

3.1 中国大学生的英语写作动机类型

本研究对754名被试的数据进行了主成分分析（PCA），选用方差最大化正交旋转（Varimax with Kaiser Normalization），经过25次旋转后得到载荷矩阵（Field 2009）。Bartlett检验（$p<0.000$）拒绝零假设，这表明各因子间的效度好，适合进行因子分析。此外，Kaiser-Meyer Olkin（KMO）检验表明，样本具备良好的结构（KMO=0.895）。与此同时，相关系数少于0.50的小系数项目都被剔除。最后，根据Kaiser的特征值大于一法则和Cattell的碎石图来确定要保留的适当因素数。随后，将主成分提取设定为7然后重新进行分析，结果（详见表2）显示七个因子的信度都很高（$\alpha=0.865$；$\alpha=0.858$；$\alpha=0.744$；$\alpha=0.815$；$\alpha=0.747$；$\alpha=0.762$；$\alpha=0.842$）。所有提取变量的公因子方差也都高于0.40，这表明提取的7个因子能很好地解释33个潜在变量。此外，这33个项目的均值在3.09（项目3）至4.85（项目28）之间，标准偏差在0.952至1.271之间。偏度值介于–0.015和0.319之间，峰度值介于–0.130和0.904之间。单变量正态性检测表明它们的偏斜度和峰度分别远小于+/–3.0和+/–8.0的临界值。表3-1和表3-2表明本问卷的结构效度（KMO值大于

0.7）和问卷各部分信度（各部分信度均在0.7以上）良好，测量结果具有可信性。

表2　因子分析、描述性统计数据、可靠性统计结果

因素	项目	载荷	均值	标准差	偏度	峰度	特征值	方差贡献率 %	Cronbach α 系数
F1	T18	0.705	4.05	1.195	−0.270	−0.233	8.116	24.595	0.865
	T19	0.568	3.94	1.096	−0.291	0.057			
	T20	0.521	4.09	1.112	−0.525	0.208			
	T21	0.796	3.58	1.244	0.040	−0.281			
	T22	0.778	3.25	1.271	0.123	−0.415			
	T23	0.742	3.82	1.241	−0.287	−0.310			
	T24	0.660	3.94	1.224	−0.300	−0.319			
F2	T30	0.580	3.53	1.117	−0.015	−0.183	2.91	8.818	0.858
	T31	0.786	3.27	1.121	−0.111	−0.522			
	T32	0.805	3.50	1.035	−0.249	−0.176			
	T33	0.834	3.51	1.034	−0.155	−0.130			
	T34	0.719	3.55	0.952	−0.296	−0.055			
F3	T15	0.679	4.64	1.087	−0.813	0.716	2.258	6.841	0.744
	T17	0.670	4.60	1.058	−0.687	0.521			
	T26	0.727	4.77	1.017	−0.880	0.904			
	T27	0.643	4.63	1.116	−0.893	0.843			
	T28	0.609	4.85	1.073	−0.867	0.409			
F4	T11	0.719	4.50	1.135	−0.761	0.508	2.091	6.336	0.815
	T12	0.817	4.36	1.181	−0.646	0.060			
	T13	0.791	4.05	1.182	−0.371	−0.204			
	T14	0.741	4.46	1.100	−0.751	0.549			
F5	T1	0.776	3.59	1.350	−0.090	−0.897	1.85	5.605	0.747
	T2	0.747	3.19	1.326	0.212	−0.732			
	T3	0.662	3.09	1.343	0.319	−0.688			
	T5	0.640	4.52	1.192	−0.876	0.490			
	T6	0.595	4.30	1.236	−0.568	−0.179			
F6	T35	0.696	3.55	1.149	−0.148	−0.306	1.414	4.286	0.762
	T36	0.525	4.08	1.045	−0.759	0.795			
	T37	0.621	4.07	1.095	−0.426	0.034			
	T38	0.713	3.51	1.140	−0.127	−0.281			
F7	T7	0.779	3.60	1.231	−0.107	−0.429	1.289	3.906	0.842
	T8	0.792	3.49	1.199	−0.081	−0.387			
	T9	0.810	3.83	1.223	−0.303	−0.341			

注：总方差解释量 %：60.388%

通过检查每个因子的聚类，研究发现这七个因子占的方差分别为：24.595%、8.818%、6.841%、6.336%、5.605%、4.286%和3.906%。七个因子共能解释60.388%的总方差。

因子1为"写作想象"，包括七个题项，是七个因子中最有影响力的因子。七个题项分别对应的内容为：理想写作自我想象（T18）、实现理想写作自我的努力程度（T19）、动态理想写作自我（T20）、实现理想写作自我的意愿（T21）、理想写作自我想象（T22）、应当具备写作自我想象（T23）和清晰具体的理想写作自我（T24）。"写作想象"因子主要了解学生是否具备写作想象，包括理想写作自我想象、动态理想写作自我、应当具备写作自我想象、实现理想写作自我的意愿、清晰具体的理想写作自我以及实现写作自我想象的努力程度。

因子2为"写作自我效能感"，包括五个题项，影响力仅次于"写作想象"。这五个题项分别对应的内容为：写作自信（T30）、写作表现（T31、T32、T33）和写作学习信念（T34）。"写作自我效能感"因子主要了解学生对英语写作的信念、自信度及对其自身英语写作能力和表现的判断。

因子3为"期望—价值"，同样包括五个题项，分别对应的内容为：高努力期望（T15、T17）、工具型期望（T26、T27）以及对写作的重视程度（T28）。"期望—价值"因子主要了解学生对英语写作的期望以及对英语写作重要性的认识。

因子4为"教师角色"，包括四个题项，分别对应的内容为：知识储备（T11）、教学能力（T12）、教学方式（T13）和写作反馈（T14）。"教师角色"因子主要了解学生在英语写作课程上对教师所扮演的角色的看法和态度。

因子5为"外部动机"，包括五个题项，分别对应的内容为：外部调节（T1、T6）、整合调节（T2）、内摄调节（T3）和认同调节（T4）。"外部动机"因子主要了解学生学习英语写作的主要动机是否由外部奖励（如表扬或成绩）所驱动。外部动机有四种不同的调节类型，按照自我决定强度从低到高依次为：外部调节、内摄调节、认同调节以及整合调节。外部调节是由外部奖励或激励所引发的，如为了通过考试或获得职称晋升。内摄调节是指当个体出于自尊或自我价值等原因而被迫做出某一行为时，这种融合调节不是自愿的，而是被控制的。认同调节是指个人开始重视某一行为并产生认同。当整个调节过程完全出自个人行为选择及意志时我们称之为整合调节。它也是外部动机的最高形式。

因子6为"写作自我调控"，包括四个题项，分别对应的内容为：写前思考计划（T37）、写作中的意志控制（T36）和写作后的自我省思（T35、T38）。因子6命名为"写作自我调控"，主要了解学生是否具备透过各种调节策略来积极有效地监控和调整自己的英语写作学习过程。

因子7为"内部动机"，包括三个题项，分别对应的内容为：成就感（T8）、体验刺激感（T7）和获取新知识（T9）。"内部动机"因子主要了解学生学习英语写作是否由英语写作学习本身驱动，例如学习英语写作所带来的愉悦和满足。

3.2 中国大学生的英语写作动机总体水平

对大学生英语写作的动机维度进行描述性统计分析显示大学生英语写作学习动机的均值为M=3.93（总分6），总体英语写作动机水平较低。这与惠良红和马砾（2012）研究中所发现的中等英语写作动机水平不一致。原因可能在于前人研究的调查范围和调查人数都比较小（某教育部直属高校的278名大三学生）。

在七个因子中，期望与价值均值最大：M=4.70，这与Zhang和Guo（2012）的研究发现是一致的，因为工具型期望在五个子项目中的均值（M_{T26}=4.77）是最高的，处于中等偏高水平。换言之，中国大学生学习英语写作的主要动力是分数（例如通过大学英语四级考试）。同时，中国大学生也意识到了英语写作的价值和重要性（M_{T28}=4.85）。其次是教师角色（M=4.37），处于中等水平。这说明大部分学生对英语写作教师的知识储备（M_{T11}=4.50）、教学能力（M_{T12}=4.36）和写作反馈（M_{T14}=4.46）持肯定态度。

而写作想象（M=3.81）、写作自我调控（M=3.80）、内部动机（M=3.73）、外部动机（M=3.63）和写作自我效能感（M=3.47）的均值都低于4，处于低等水平。就写作想象而言，想象能有效提升学生的成绩已在诸多实证研究中得到证实（You & Chen 2015）。尽管本研究中的被调查者们已经具备理想写作自我想象（M_{T18}=4.05）和动态理想写作自我（M_{T20}=4.09），但写作自我想象（M_{T23}=3.82）、实现理想写作自我的意愿（M_{T21}=3.58）、清晰具体的理想写作自我（M_{T24}=3.94）以及实现写作自我想象的努力程度（M_{T19}=3.94）均有所匮乏。这一发现表明，建立清晰具体的写作自我，强化实现理想自我的意愿以及付诸相应的努力来实现理想写作自我对提升学生英语写作动机意义重大。就写作自我调控而言，四个子项目的均值表明学生写前思考（M_{T37}=4.07）、写作意志控制（M_{T36}=4.08）和写作后的自我反省（M_{T35}=3.55；M_{T38}=3.51）是完成写作自我调控过程的至关重要的三环，缺一不可，这一发现与Zimmerman（1998）所提出的自我调控过程一致。由此可见，成功的写作不仅需要知识，还需要对写作过程进行积极和有意识的自我调节（Gadd & Parr 2017）。

此外，内部动机和外部动机基本与Noels et al.（2000）提出的观点一致，他们认为内部动机可以预测学生对二语学习的态度且能帮助学生在学习过程中变得更自信和自我确定。换言之，如果一个人的内部动机不强烈，它将导致学习动机变弱，引发更强烈的外部动机从而导致成绩下降。本研究中，学生的外部动机子项目均值分别为：外部调节：M_{T6}=4.30；内摄调节：M_{T3}=3.09；认同调节：M_{T4}=4.52；整合调节：M_{T2}=3.19。由此可见，学生目前学习英语写作的动机是由外部奖励或激励所引发的而非完全出于个人行为选择。另外，内部动机的三个子项目的均值（成就感：M_{T8}=3.60；体验刺激感：M_{T7}=3.49；获取新知识：M_{T9}=3.49）都低于4；这表明被调查者对英语写作学习缺乏自我决定。与此同时，被调查对象对自己的英语写作学习和表现缺乏自信（例如：M_{T30}—M_{T34}均低于4）。由此可见，学生的写作自我效能感会影响他们的写作动机和写作表现（李航 2017）。

3.3 英语水平差异对大学生写作动机的影响

为了探索英语水平差异对写作动机的影响，本研究采用方差分析，以写作动机的七个因子作为因变量，并分别将三组不同英语水平的分数作为自变量来了解不同英语水平差异的大学生在写作动机方面的不同。方差分析结果表明（见表3），除教师角色外，英语水平不同的学生在外部动机（$F(2,751)=4.857$，$p<0.05$），内部动机（$F(2,751)=14.491$，$p<0.05$），写作自我效能感（$F(2,751)=46.404$，$p<0.05$），写作想象（$F(2,751)=14.293$，$p<0.05$），期望—价值（$F(2,751)=3.139$，$p<0.05$）和写作自我调控（$F(2,751)=6.783$，$p<0.05$）上有显著差异。方差分析的事后检验结果表明，高水平组的学生比低水平组的学生的写作自我效能感更高，写作想象也更强，他们的动机类型为内部动机。而相比低水平组，中等水平组的学生对英语写作有更高的期望—价值，写作自我效能感以及更强的写作自我调控能力和写作想象。但是与高水平组和中等水平组相比，低水平组的动机类型属于外部动机。

由此可见，相比低水平组，英语水平高的学生具备更强的写作动力，原因是他们更重视英语写作，也有更强的写作想象、写作自我效能感和写作自我调控。同时，这些学生的动机类型为内部动机。由于语言能力在影响写作表现方面确实有着积极作用（Lee et al. 2018; Troia et al. 2013），这些发现在很大程度上是可以预期的。但出乎意料的是，高水平组和中等水平组学生的写作自我调控能力没有显著差异，这与Schunk 和 Pajares（2009）的发现不一致，Schunk 和 Pajares（2009）认为自我效能感高的学生更倾向于进行自我调控，从而更好地监控和及时调整自己的学习过程。这一不同结果可能归因于以下三个方面：第一，英语水平高的学生容易满足于现状，对英语写作缺乏更具体或更高的提升目标。第二，正如 Mak 和 Wong（2018）所言，培养学生的写作自我调控能力很难，需要教师在日常教学中进行有目的且持续性地训练。第三，Alderman（2004）曾指出，如果学生没有短期或长期的个人学习目标，就会缺乏相应的自我调控意识。本研究结果显示被调查者大都缺乏实现理想写作自我的意愿及清晰具体的理想写作自我，这也可能是导致大学生不具备写作自我调控的原因之一。因此，无论大学生英语水平如何，英语教师应当认识到引导和培养学生的写作自我调控意识和能力刻不容缓。

表3　写作动机与英语水平（高、中、低）方差分析结果

写作动机	高水平组 (n=206)		中等水平组 (n=254)		低水平组 (n=294)		F(2,751)	事后检验
	均值	标准差	均值	标准差	均值	标准差		
外部动机	3.038	1.076	3.75	0.918	3.752	0.887	4.857*	低水平组 > 高水平组；低水平组 > 中等水平组
内部动机	4.208	1.173	3.821	1.061	3.444	1.020	14.491*	高水平组 > 低水平组；中等水平组 > 低水平组
期望 - 价值	4.838	0.843	4.762	0.738	4.631	0.757	3.139*	中等水平组 > 低水平组
写作自我效能感	4.138	0.692	3.729	0.792	3.201	0.802	46.404*	高水平组 > 低水平组；中等水平组 > 低水平组
写作自我调控	3.906	0.966	3.918	0.811	3.692	0.861	6.783*	中等水平组 > 低水平组
写作想象	4.402	0.904	3.951	0.928	3.653	0.823	14.293*	高水平组 > 低水平组；中等水平组 > 低水平组
教师角色	4.719	0.870	4.387	0.923	4.293	0.920	2.298	

注：*$p<0.05$

4. 结语

本文研究结果对二语写作研究，尤其是二语写作教学研究具有启示意义。首先，研究表明中国大学生写作动机总体水平较低。因此，英语写作教师及相关教学管理部门应重视写作动机对学生英语写作的影响。鉴于写作想象是影响学生写作动机的关键因素，教师在日常教学中可以有意识地帮助学生塑造详尽具体的写作想象，引导学生制定相应的计划和策略以努力实现自我写作想象。其次，英语水平差异对大学生的写作动机也有显著影响。因此，针对高等和中等英语水平的学生，教师应帮助他们发展更强的写作动机，进一步提升他们的写作水平。而对于低英语水平的学生，教师可能需要提供更多的帮助和支持，以强化他们的写作动力，提高写作能力。再次，自我调控策略能有效提高学生的写作能力和写作自我效能感，改善

他们的写作态度，因此教师应尽量帮助学生学习和掌握写作自我调控过程。最后，教师需转变写作教学方式，注重英语写作课堂教学的灵活性，使英语写作教学富有创意、趣味性和吸引力，从而提高学生的英语写作学习兴趣。

　　本文为横断面研究，建议后期研究通过收集历时数据来记录和探索英语写作动机的动态变化。对于本研究中发现的写作想象这一显著写作动机变量，建议通过收集质性数据加以验证，更加深入地探究其对整体二语写作动机的影响。

参考文献

Alderman, M. K. 2004. *Motivation for Achievement: Possibilities for Teaching and Learning* (2nd Ed.) [M]. New Jersey: Erlbaum.

Dörnyei, Z. 2005. *Teaching and Researching: Motivation* [M]. Beijing: Foreign Language Teaching and Research Press.

Field, A. 2009. *Discovering Statistics Using SPSS* (3rd Ed.) [M]. California, CA: SAGE.

Graham, S., K. R. Harris, S. A. Kiuhara & E. J. Fishman. 2017. The relationship among strategic writing behavior, writing motivation, and writing performance with young developing writers [J]. *The Elementary School Journal* 118(1): 82-104.

Gadd, M. & J. M. Parr. 2017. Practices of effective writing teachers [J]. *Reading and Writing* 30(7): 1551-1574.

Lee, I., S. Yu & Y. Liu. 2018. Hong Kong secondary students' motivation in EFL writing: A survey study [J]. *TESOL Quarterly* 52(1): 176-187.

MacArthur, C. A., Z. A. Philippakos & S. Graham. 2016. A multicomponent measure of writing motivation with basic college writers [J]. *Learning Disability Quarterly* 39(1): 31-43.

Mak, P. & K. M. Wong. 2018. Self-regulation through portfolio assessment in writing classrooms [J]. *English Language Teaching* 70(1): 49-61.

Noels, K. A., L. G. Pelletier, R. Clément & R. J.Vallerand. 2000. Why are you learning a second language? Motivational orientations and self-determination theory [J]. *Language Learning* 50(1), 57-85.

Payne, A. R. 2012. Development of the Academic Writing Motivation Questionnaire [D]. Ph.D. dissertation. Georgia: University of Georgia.

Schunk, D. H. & F. Pajares. 2009. Self-efficacy theory [A]. In R. Pekrun, K. Wentzel & A. Wigfield (eds.). *Handbook of Motivation at School* [C]. New York, NY: Routledge. 49-68.

Sherafati, N., F. M. Largani & S. Amini. 2020. Exploring the effect of computer-mediated teacher feedback on the writing achievement of Iranian EFL learners: Does motivation count? [J]. *Education and Information Technologies* 25(5): 4591-4613.

Teng, L. 2016. Fostering Strategic Second-Language Writers: A Study of Chinese English as a Foreign Language (EFL) Writers' Self-Regulated Learning Strategies, Self-Efficacy and Motivational Beliefs [D]. Ph.D. dissertation. Auckland: University of Auckland.

Troia, G. A., R. K. Shankland & K. A. Wolbers. 2012. Motivation research in writing: Theoretical and empirical considerations [J]. *Reading & Writing Quarterly* 28(1):5-28.

Troia, G. A., A. G. Harbaugh, R. K. Shankland, K. A. Wolbers & A. M. Lawrence. 2013. Relationships between writing motivation, writing activity, and writing performance: Effects of grade, sex, and ability [J]. *Reading and Writing* 26(1): 17-44.

Yeung, P. S., C. S. H. Ho, D. W. O. Chan & K. K. H. Chung. 2020. Writing motivation and performance in Chinese children [J]. *Reading and Writing* 33(2): 427-449.

You, C. & L. Chan. 2015. The dynamics of L2 imagery in future motivational self-guides: Motivational dynamics in language learning [A]. In Z. Dörnyei, A. Henry & P. D. MacIntyre (eds.). *Motivational Dynamics in Language Learning* [C]. Clevedo: Multilingual Matters. 397-418.

Zhang, Y. & H. Guo. 2012. A study of English writing and domain-specific motivation and self-efficacy of Chinese EFL learners [J]. *Journal of Pan-Pacific Association of Applied Linguistics* 16(2): 102-123.

Zimmerman, B. J. 1998. Developing self-fulfilling cycles of academic regulation: An analysis of exemplary instructional models [A]. In D. H. Schunk & B. J. Zimmerman (eds.), *Self-Regulated Learning: From Teaching to Self-Reflective Practice* [C]. New York, NY: Guilford Press. 1-20.

惠良红、马砾，2012，大学生英语写作动机与动机调控策略的关系研究[J]，《内蒙古师范大学学报（教育科学版）》（1）：44-48。

李航，2017，英语写作自我效能感对非英语专业大学生写作成绩的影响研究[J]，《外语教学理论与实践》（3）：57-63+79。

许幸、刘玉梅，2018，多模态理论视域下英语写作写前动机培养的实证研究[J]，《外语电化教学》（1）：25-31。

作者简介：

李孟端，海南师范大学外国语学院讲师，博士。主要研究领域：二语写作、教师发展、跨文化传播。电子邮箱：limengduan2017@163.com

"师生合作评价"模式对不同水平英语学习者写作焦虑的影响研究 *

佘雨新

重庆工商大学

提要：本研究探索了"师生合作评价"（TSCA）模式对不同水平非英语专业学生英语写作焦虑的影响。结果表明：低水平学生整体写作焦虑显著降低，其中"身体焦虑"因子和"回避行为"因子得分显著降低；高水平学生写作整体焦虑未出现显著变化，但"自主学习"因子得分显著降低。研究结果肯定了 TSCA 对于降低英语写作焦虑的积极作用，进一步揭示了教师引导的同伴评价对不同水平英语学习者写作焦虑的具体影响，为学生水平差异较大的大班英语写作教学提供了启示。

关键词：师生合作评价；同伴互评；英语水平；英语写作焦虑

1. 引言

　　焦虑会对以英语为外语的学习者造成负面影响（Horwitz 2001；Mitchell & Myles 2004）；外语写作焦虑与学习者的写作水平发展呈负相关（郭燕 2011；李航 2015；周保国、唐军俊 2010），降低学习者的英语写作焦虑有助于写作水平的提高。现有研究表明，教学过程中的合作、互动与相互支持，能降低外语写作焦虑（Jin & Dewaele 2018；郭燕 2011；吴荣辉、何高大 2014；吴育红、顾卫星 2011），而且不同水平学生从中各有获益（Li & Gao 2016；Ramon-Casas et al. 2019；Yu & Lee 2016；吴育红 2013；张艳红 2012）。我国大学英语教学班级较大，学生水平存在较大差异，如何同时帮助不同层次学生降低英语写作焦虑，提高写作水平，值得探究。

　　然而，现有研究缺乏对英语写作教学过程的详细阐释，不同水平学生所受影响有何差异，也有待深入讨论。以此为背景，本研究以"师生合作评价"模式（文秋芳 2016）为教学框架，以完善后的《二语写作焦虑量表》（Cheng 2004）为研究工具，通过教学实验，尝试探究课堂互动对不同水平非英语专业英语学习者写作焦虑的影响。

2. 研究背景

2.1 课堂互动对英语写作焦虑的积极作用

　　二语学习焦虑研究在广义焦虑研究的基础上发展而来（周保国、唐军俊

---

* 本研究为重庆工商大学校级教改项目"'师生合作评价'在英语写作线上线下混合式教学中的应用"（项目编号：2020312）部分研究成果。

2010）。Horwitz et al.（1986）将外语学习焦虑与日常生活中的焦虑区分开来，认为这是一种外语学习过程中特有的焦虑反应。之后，越来越多的研究开始关注外语学习焦虑，发现其与外语能力呈负相关（Horwitz 2001）。但早期研究多关注其对整体外语能力的影响，2000年前后，学界进一步提出"外语技能特有焦虑"（language-skill-specific anxiety）这一概念（Cheng et al. 1999），并开始区分研究焦虑对听、说、读、写的影响（Cheng 2004），聚焦英语写作焦虑的研究日渐增多。

　　近几年，研究发现课堂互动能缓解英语写作焦虑。同伴的积极支持（Jin & Dewaele 2018）、学生间平等的交流合作（吴荣辉、何高大 2014）以及合作学习（吴育红、顾卫星 2011）均能降低英语写作焦虑，但遗憾的是，上述研究缺乏对教学流程的具体描述，能提供的教学参考较为有限。郭燕（2011）曾探究"写长法"对英语写作焦虑的影响，并在其研究中较为详细地阐释了教学实施流程，但该研究仅进行了三至四次写作任务，虽然部分学生在反馈中对该教学方法表示认可，但数据的统计学分析结果显示，学生英语写作焦虑整体变化并不显著，因此需要更有说服力的证据。

2.2 同伴评价对不同水平学生英语写作焦虑的影响

　　课堂互动是降低英语写作焦虑的有效方式，而现有研究在教学参考方面的欠缺，可以从近年来受到广泛关注与认可的同伴评价研究中得到启发。

　　从理论角度来看，同伴评价以社会文化理论为支撑（Lee 2017），该理论认为学习中存在最近发展区，即学习者自身水平与在同伴、教师帮助下能达到的水平之差（Vygotsky 1978），学习则是最近发展区在与同伴、教师的互动过程中的不断内化知识的过程。同伴评价活动能为学习者提供大量与同伴交流学习的机会，有助于最近发展区的内化。

　　实证研究普遍认可同伴评价有助于提升英语写作（张军、程晓龙 2018）。随着研究的深化和细化，有学者指出不同水平的学生从中获益不同（Li & Gao 2016；Ramon-Casas et al. 2019；Yu & Lee 2016；吴育红 2013；张艳红 2012）；其中，长期处于课堂边缘的低水平学生能在同伴评价中感受到尊重、重视等积极情绪（Yu & Lee 2016；吴育红 2013；张艳红 2012）。但现有研究对此讨论较笼统，且焦虑是一个复杂的因素，包含如身体焦虑和回避心理等不同维度（Cheng 2004），不可一概而论，因此有必要系统考察同伴评价对不同水平学生写作焦虑及其不同维度的影响。此外，课堂实践中也有值得注意的地方。同伴的评价能力与评价效度受到诟病（Adachi et al. 2018；Liu & Li 2014），因此培训与教师引导十分必要（Handley & Williams 2011；Liu & Li 2014；To & Carless 2016）。可取的方式包括课堂讨论和教师现场指导，这能营造一个支持学习的环境（To & Carless 2016）；也可以分享有评语的作业样本，让学生更明确地了解评分标准（Handley & Williams 2011）。

　　综上，同伴评价是一种有效的课堂互动形式，但目前系统探究同伴评价对英语写作焦虑影响的研究较少，且同伴评价的实施需注意评价能力的培训与教师的引导。

2.3 "师生合作评价"模式及研究问题

为弥补传统同伴评价的不足，本研究将采取"师生合作评价"（TSCA）模式开展研究。TSCA模式是"产出导向法"团队提出的新评价形式（文秋芳2016）。与传统反馈模式最大的不同在于，TSCA不要求教师对学生作业进行——批改反馈，仅需教师课前浏览、选出能反映普遍问题的典型作业样本，然后在课上带领学生共同评价典型样本（孙曙光2017）。这种模式既兼顾了同伴评价的积极作用，营造了注重交流、相互支持的课堂氛围，又通过教师引导，在一定程度上解决传统同伴评价中存在的评价效度问题。本研究将以TSCA模式为实验参考，在完善量表的基础上，结合量化分析结果，系统探究教师引导、学生参与的新型同伴评价活动对不同水平非英语专业学生英语写作焦虑的影响，并回答以下问题：

（1）TSCA对高/低水平非英语专业英语学习者的写作焦虑是否有影响？

（2）如有，TSCA具体在哪些方面影响高/低水平非英语专业英语学习者的写作焦虑？

3. 研究过程

研究过程共分为三个部分，分别为量表完善、信效度检验及教学实验。

3.1 量表完善

本研究采用Cheng（2004）构建的《二语写作焦虑量表》（SLWAI）。该量表具有较好的信度和效度，在国内已得到了广泛使用（郭燕2011；郭燕、秦晓晴2010；郭燕、徐锦芬2014；李航2015；李航、刘儒德2013；马洁、董攀2017；吴育红、顾卫星2011）。SLWAI为英文量表，为保证学生准确理解量表内容，在现有研究中量表均被译为中文；较多研究采用或参考郭燕和秦晓晴（2010）的翻译版本（李航2015；李航、刘儒德2013；马洁、董攀2017），且有研究直接以其因子分析结果为参考，来解读研究结果（郭燕2011；李航、刘儒德2013）。但该翻译版本存在一定瑕疵。例如，题项5"我通常尽可能避免用英语写文章"和题项10"我尽可能避免写英语作文"（郭燕、秦晓晴2010：57）含义几乎一致，也有部分题项措辞较为生硬。此外，不同研究环境也要求重新检验量表的结构效度，直接照搬因子分析结果的思路并不可取。鉴于此，本研究在发放量表前对量表进行了完善。遵循"初步翻译确保内容一致—寻求同行及专家意见进行修改—邀请少数受访者试测进一步完善"的大致步骤（Dörnyei & Taguchi 2011；秦晓晴2009），先请三位翻译专业毕业的高校教师对量表译文进行了讨论完善，随后邀请三位研究对象学校非英语专业大二的学生参与试测，进一步厘清了量表中含义模糊的题项。

本研究还将SLWAI由五级量表变为了六级量表，因为问卷填写需耗费一定精力，受试者为图便捷可能会倾向于选择中间项，影响测试结果（Dörnyei & Taguchi 2011）；且亚洲学生由于受集体文化的影响，在量表测试中倾向选择中间项（Chen et al. 1995）。量表还增加了有关课下英文写作学习的题项，排除自主学习较多的学生，进一步控制变量。最后，量表开头增加了说明，告知学生其个人信息和回答会保密，仅作研究使用，进一步确保学生诚实作答。随后，量表随机发放给教学实验对象所在学校的非英语专业15个班级（每班约40人），最终收回有效问卷354份，进行信度和效度检验。

3.2　量表效度及信度检验

　　为完善量表的结构效度，本研究以收集到的354份问卷为基础，进行探索性因子分析。由于焦虑是一种复杂的心理状态（Reise et al. 2000），其各个维度（如回避心理和自信心），即数据中的各个因子，具有一定相关性，为此，本研究采取了直接斜角旋转法（Direct Oblimin），进行了三次因子分析。第一次分析后，得出四个因子，但题项3在其中两个因子上负荷均接近0.4，故而删去题项3之后进行了第二次分析，又发现题项9在两个题项上负荷均超过0.3且较相近，因此删去题项9进行第三次分析，最终得出四个因子。因子1涉及生理反应，被命名为"身体焦虑"；因子2与课外学习关系较紧密，被命名为"自主学习"；因子3涉及评价，被命名为"评价焦虑"；因子4大多涉及逃避心理，被命名为"回避焦虑"，最终结果如表1所示。在进行因子分析后，本研究分别对整个量表及四个因子对应的次级量表进行了内部一致性检验，Cronbach系数分别为0.711、0.720、0.623、0.598和0.812。这表明修改后量表效度、信度较好。在完善量表后，笔者于2019—2020第一学期，在西南地区一所普通高校非英语专业的两个写作选修班上进行了TSCA写作教学实验；学生共85名，来自大二到大四三个年级；整个写作课程持续16周，每周两个课时，共32课时。修改后的量表于第1周和第16周进行发放，以作对比分析；为避免练习效应，第二次发放的量表打乱了题项顺序。

表1　量表内容及因子分析结果

题项（标记 R 的题项为反向计分）	因子 1 身体焦虑	因子 2 自主学习	因子 3 评价焦虑	因子 4 回避行为
Q11 在规定时间内写英语作文时，我的思路总是很混乱。	0.844			
Q13 在规定时间内写英语作文时，我常觉得很慌张。	0.808			
Q2 在有时间限制的情况下写英语作文时，我心跳得厉害。	0.773			
Q15 在毫无准备的情况下要我写英语作文，我的大脑会卡壳。	0.752			
Q6 一写英语作文，我的大脑就一片空白。	0.637			
Q10 我写英语作文时一点也不紧张。（R）	0.630			

（待续）

（续表）

题项（标记 R 的题项为反向计分）	因子 1 身体焦虑	因子 2 自主学习	因子 3 评价焦虑	因子 4 回避行为
Q8 在规定时间内写英语作文时，我会紧张得发抖或冒汗。	0.623			
Q18 我在课外常寻找一切机会练习英语写作。（R）		0.765		
Q22 只要有机会，我都会用英语写作。（R）		0.718		
Q4 我经常用英语写我的所感所想。（R）		0.571		
Q21 我丝毫不担心自己的作文得分会很低。（R）			0.808	
Q17 我一点也不在意别人如何评价我的作文。（R）			0.714	
Q7 我一点也不担心我的英语作文会比别人差很多。（R）			0.568	
Q20 我害怕自己的英语作文会被选作课堂讨论或评讲范文。				0.708
Q5 我尽量避免用英语写作（除英语作文外的其他方式，如填表、email 等）。				0.640
Q12 除非是别无选择，否则我一般不会用英语写作文。				0.615
Q16 被要求写英语作文时我会尽力推脱。				0.609
Q19 写英语作文时，我会全身僵硬，紧张不安。				0.485
Q1 我会尽力逃避写英语作文。				0.485
Q14 我很担心其他同学会嘲笑我的英语作文。				0.459

3.3 教学实验

　　课程聚焦200词左右的英文议论文写作，教学内容按照议论文的基本结构，开头段写作、中间段写作和结尾段写作的顺序展开，每部分又细分为写作技巧、标准段落结构、连贯性与统一性等知识点；以TSCA为参考，每部分知识点讲解完毕后，教师按上课内容布置写作作业，并在下一次课前选出能反映学生普遍问题的作业样本，下节课时进行教师带领、学生参与的课堂同伴评价。以开头段写作为例，教师先在课上讲解开头段写作"铺垫+提出主旨思想"的典型结构，然后以此为要求布置作业；作业中出现较多铺垫部分转折生硬的问题，因此教师选取犯了此错误的典型样本；在下一次课上，教师带领学生对匿名样本进行评价，以讨论的形式帮学生意识到自身问题，并进行相关练习（图1）。其余教学也按此流程进行。

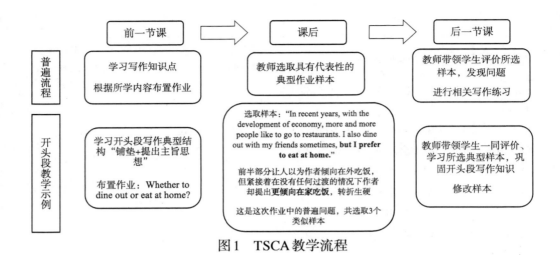

图 1 　 TSCA 教学流程

4. 研究结果及讨论

在进行数据分析前，学生被分为高水平组和低水平组，判断依据为大一两次大学外语期末成绩及本学期写作课期末成绩（百分制），各占比25%、25%、50%，相加后得到外语水平分。最终量表有效份数为65份，按外语水平分由低到高排序，前33人划为低水平组，后32人划为高水平组。本研究随后就其SLWAI总分和各个因子得分进行了配对样本 t 检验，得出如下结果。

4.1 TSCA 对高 / 低水平非英语专业外语学习者写作焦虑的影响

表2 　 SLWAI总分配对样本 t 检验结果

		配对差值				t	自由	显著性（双尾）
		平均值	标准差	差值95% 置信区间				
				下限	上限			
SLWAI 总分	高水平学生	−0.250	10.457	−4.020	3.520	−0.135	31	0.893
	低水平学生	6.152	13.798	1.259	11.044	2.561	32	0.015*

注：*$p<0.05$ 　 **$p<0.01$

高水平学生SLWAI总分未出现显著变化，低水平学生整体焦虑程度显著降低（$p=0.015$）；该结果为现有研究提供了更有说服力的支撑。结合现有研究与本研究中的具体教学设计，充分的课堂参与和合作、平等的同伴相处模式可能是缓解低水平学生写作焦虑的主要原因。

首先，传统同伴评价中，由于水平所限，低水平学生容易边缘化（Yu & Lee

2016），充分的课堂参与才能让低水平学生感受到重视与尊重（吴育红 2013；张艳红 2012）。在本研究中，相较于传统同伴评价，TSCA 大量利用了学生自身的作业样本，同时采取了以全班（而非个人）为单位的集体同伴评价形式，这给低水平学生更多参与课堂活动的机会，让他们感受到自己也是课堂的一分子，写作焦虑有所缓解。

此外，Villamil 和 Guerrero（2006）指出，理想的同伴评价中，其中一方应当具有较好的独立学习能力、自我纠错能力和指导能力，另一方或许学习能力较弱，但愿意接受同伴帮助，这种情况下双方会进行"合作式互动"，并对同伴产生友情、同理心、关心等积极情感；相反，如果任意一方一直占据主导地位、将自己的想法强加于对方，会引发抵触情绪乃至同伴间的个人矛盾。本研究中，TSCA 无疑可以促使"合作式交流"的产生：教师引导整个评价过程，高水平学生并没有占据主导地位，这能避免低水平学生产生抵触情绪；同时，所选样本以匿名形式呈现，保护低水平学生的面子，使其更愿意接受同伴的帮助。TSCA 有助于营造合作、平等的课堂教学氛围，这也对缓解低水平学生的写作焦虑有积极作用。

4.2 TSCA 如何影响高 / 低水平非英语专业英语学习者的写作焦虑

所有学生在因子 3 评价焦虑上均没有显著变化；低水平学生在因子 1 身体焦虑（$p=0.014$）和因子 4 回避行为（$p=0.033$）上得分显著降低。相关题项主要涉及面临英语写作时的生理反应和逃避心理，其变化说明学生在进行英文写作时会更有信心。这与现有研究（Yu & Lee 2016；吴育红 2013；张艳红 2012）相契合，也是低水平学生 SLWAI 总分显著降低的原因所在，在此不再赘述。

意外的是，低水平学生在因子 2 自主学习上得分无显著变化，但高水平学生出现显著下降（$p=0.007$），变得更愿意进行课下英语写作。根据现有研究，高水平学生由于自身水平较高，受"天花板效应"的影响，其写作水平从同伴评价中获益不大（Li & Gao 2016），甚至可能下降（Ramon-Casas et al. 2019）。若一项课堂活动无法有效提升水平，学生理应产生消极情绪，但本研究出现与之相悖的情况。结合部分探讨课堂评价对自主学习能力影响的研究，本研究推测其原因或在于课堂评价能培养自我管理能力和元认知能力。Hale（2015）在日本的一所大学中让学生开展了英文写作的自评活动并进行了后续问卷调查。调查中的开放性问题答案经质性分析转码后，提取出了"责任"这一主题词。以往学生认为上交作业就代表结束了认知学习的过程，然而自评能让其进一步反思自己的写作，使其意识到保证学习质量其实是自己的责任。TSCA 和此研究中的同伴评价类似，学生可以通过审视样本进行反思，提升对作业的"主人翁"意识；TSCA 选取的样本全部来自学生自己的作业，这有助于进一步提升其责任感。

此外，近年来促学评价和导学评价等理念不断推广（金艳、余国兴 2019），学界把目光从传统评价转向自评和互评，认为其有助于培养自我管理能力和监控学习过程所需的元认知能力。具体而言，自评和互评能帮助学生了解自己与目标的差距

（Jones & Saville 2019），更充分地理解学习目标（Lee 2017）。TSCA 大量使用学生作业样本，水平相近使学生更能发现问题所在，样本本身也能更具体地体现原本抽象的学习目标，这些均有助于学生找到自己与目标的差距，从而更好地管理、监控自己的学习。因此，虽然高水平学生较难从 TSCA 中发现自己写作中的不足、直接学习写作知识，但可以通过"评价者"这一身份培养自我管理、自我监控学习的能力，找到课下进行自主英语写作学习的方法；低水平学生自主学习意愿较低，可能也源于 TSCA 过程中发现的问题和课程固有的内容已经需要花费较多时间精力去吸收与学习。

表3 SLWAI 各因子得分配对样本 t 检验结果

		配对差值						
		平均值	标准差	差值 95%	置信区间	t	自由度	显著性（双尾）
				下限	上限			
因子 1 身体焦虑	高水平学生	−0.469	4.990	−2.268	1.330	−0.531	31	0.599
	低水平学生	3.030	6.701	0.654	5.406	2.598	32	0.014*
因子 2 自主学习	高水平学生	1.344	2.635	0.394	2.294	2.885	31	0.007**
	低水平学生	0.364	2.498	−0.522	1.249	0.836	32	0.409
因子 3 评价焦虑	高水平学生	0.000	2.907	−1.048	1.048	0.000	31	1.000
	低水平学生	−0.091	2.832	−1.095	0.913	−0.184	32	0.855
因子 4 回避行为	高水平学生	0.063	3.893	−1.341	1.466	0.091	31	0.928
	低水平学生	2.152	5.535	0.189	4.114	2.233	32	0.033*

注：*p<0.05　**p<0.01

5. 研究与教学启示

本研究对英语写作焦虑的研究工具完善有所启示。其一，量表翻译应照顾受试者的阅读习惯，保证准确的同时需自然、流畅，尤其应避免出现本研究中提到的题项译文相似度极高的情况。其二，研究环境改变时，不能照搬量表，需重新进行信效度检验，并依据检验结果对题项进行适当调整。Cheng（2004）所研制的 SLWAI

量表因子分析仅得出三个维度，但包括本研究在内的许多以我国高校英语写作教学为背景的研究，在对SLWAI测试结果进行因子分析时均得出四个维度（郭燕、秦晓晴 2010；郭燕、徐锦芬 2014；马洁、董攀 2017；吴育红、顾卫星 2011），这说明SLWAI的结构效度需要调整，部分题项有必要进行删减或修改，以确保研究结果更准确、更有价值。结合本研究与现有部分研究的因子分析结果来看，"自主学习"维度在SLWAI最初的因子分析中不存在，今后的相关量表研制需考虑这一因素；此外，这也说明英语写作中的同伴评价对培养学生的自主学习能力有一定影响，是值得探索的方向。

　　本研究也能为英语写作教学提供参考。首先，同伴评价活动能增加学生的课堂参与，营造互动、活跃的课堂氛围，是值得采用的教学方法。其次，教师的引导和对课堂的把握尤为关键，有助于构建合作、平等的课堂，让学生以更积极的心态参与课堂活动。教师还应适当增加对低水平学生的关注。在中学应试教育的文化环境中，低水平学生长期处于边缘化的位置，但大学教育更应提倡"有教无类"，本研究反映出的低水平学生的显著变化说明只要教学方法得当，学生本身固有的水平并不能限制其进步，他们不应该被教育所放弃。TSCA能为实现上述课堂教学提供操作框架，帮助教师构建互动、合作、平等的写作课堂。

　　除了营造良好的课堂氛围外，TSCA对写作评价标准的重视也值得关注。每次师生合作评价都以所学的写作知识为评价标准，整个学期的评价活动从而对各方面、各层次的知识点都有所巩固。这种巩固无疑能提升学生对写作评价标准的理解，从而更好地理解自身的水平、优势、不足等，培养其监控学习、管理学习等元认知能力。本研究中的高水平学生在一学期的TSCA模式的写作课后，更愿意自主进行课下的英语写作，原因很可能在于以所学内容为参考的不断自评和互评使其学会自我反思、自我监控，为自主学习提供了前提。

6. 结语

　　本研究在完善写作焦虑量表的基础上，系统探究了TSCA写作教学对不同水平非英语专业学生英语写作焦虑的影响。研究发现，TSCA能显著缓解低水平学习者的英语写作焦虑，尤其能缓解其面对英语写作时因紧张而产生的生理反应和回避心理；高水平学生整体写作焦虑并未显著降低，但"自主学习"因子上得分出现显著变化，对待课外写作的心态有了明显转变，更愿意课下进行写作。总体而言，TSCA教学模式有助于营造平等、互动的课堂氛围，有助于帮助学生进一步理解评价标准，培养自我监控、自我管理学习的能力，各个水平的学生均能从中获益，对写作教学，尤其是班级较大、学生水平差异大的非英语专业写作教学，具有借鉴意义。

参考文献

Adachi, C., J. Tai & P. Dawson. 2018. A framework for designing, implementing, communicating and researching peer assessment [J]. *Higher Education Research and Development* 37(3): 453-467.

Chen, C., S. Y. Lee & H. W. Stevenson. 1995. Response style and cross-cultural comparisons of rating scales among East Asian and North American students [J]. *Psychological Science* 6(3): 170-175.

Cheng, Y. 2004. A measure of second language writing anxiety: Scale development and preliminary validation [J]. *Journal of Second Language Writing* 13(4): 313-335.

Cheng, Y., E. K. Horwitz & D. L. Schallert. 1999. Language anxiety: Differentiating writing and speaking components [J]. *Language Learning* 49(3): 417-446.

Dörnyei, Z. & T. Taguchi. 2011. *Questionnaires in Second Language Research: Construction, Administration and Processing* [M]. Beijing: Beijing Foreign Language Teaching and Research Press.

Hale, C. C. 2015. Self-assessment as academic community building: A study from a Japanese liberal arts university [J]. *Language Testing in Asia* 5(1): 1-12.

Handley, K. & L. Williams. 2011. From copying to learning: Using exemplars to engage students with assessment criteria and feedback [J]. *Assessment and Evaluation in Higher Education* 36(1): 95-108.

Horwitz, E. K. 2001. Language anxiety and achievement [J]. *Annual Review of Applied Linguistics* 21: 112-126.

Horwitz, E. K., M. B. Horwitz & J. Cope. 1986. Foreign language classroom anxiety [J]. *The Modern Language Journal* 70(2): 125-132.

Jin, Y. X. & J. M. Dewaele. 2018. The effect of positive orientation and perceived social support on foreign language classroom anxiety [J]. *System* 74: 149-157.

Jones, N. & N. Saville. 2019. *Learning Oriented Assessment: A Systemic Approach* [M]. Beijing: Beijing Foreign Language Teaching and Research Press.

Lee, I. 2017. *Classroom Writing Assessment and Feedback in L2 School Contexts* [M]. Singapore: Springer Nature.

Li, L. & F. Gao. 2016. The effect of peer assessment on project performance of students at different learning levels [J]. *Assessment and Evaluation in Higher Education* 41(6): 885-900.

Liu, X. & L. Li. 2014. Assessment training effects on student assessment skills and task performance in a technology-facilitated peer assessment [J]. *Assessment and Evaluation in Higher Education* 39(3): 275-292.

Mitchell, R. F. & F. Myles. 2004. *Second Language Learning Theories* [M]. London: Hodder Education.

Ramon-Casas, M., N. Nuño., F. Pons & T. Cunillera. 2019. The different impact of a structured peer-assessment task in relation to university undergraduates' initial writing skills [J]. *Assessment and Evaluation in Higher Education* 44(5): 653-663.

Reise, S. P., N. G. Waller & A. L. Comrey. 2000. Factor analysis and scale revision [J]. *Psychological Assessment* 12(3): 287-297.

To, J. & D. Carless. 2016. Making productive use of exemplars: Peer discussion and teacher guidance for positive transfer of strategies [J]. *Journal of Further and Higher Education* 40(6): 746-764.

Villamil, O. S. & M. C. M. de Guerrero. 2006. Sociocultural theory: A framework for understanding the social-cognitive dimensions of peer feedback [A]. In K. Hyland & F. Hyland (eds.). *Feedback in Second Language Writing: Contexts and Issues* [C]. Cambridge: Cambridge University Press. 23-41.

Vygotsky, L. S. 1978. *Mind in Society: The Development of Higher Psychological Processes* [M].

Harvard: Harvard University Press.

Yu, S. & I. Lee. 2016. Understanding the role of learners with low English language proficiency in peer feedback of second language writing [J]. *TESOL Quarterly* 50(2): 483-494.

郭燕，2011，大学英语"写长法"对写作焦虑和写作能力影响作用的实验研究[J]，《外语界》（2）：73-81+96。

郭燕、秦晓晴，2010，中国非英语专业大学生的外语写作焦虑测试报告及其对写作教学的启示[J]，《外语界》（2）：54-62+82。

郭燕、徐锦芬，2014，非英语专业大学生英语学习焦虑多维度研究[J]，《外语界》（4）：2-11。

金艳、余国兴，2019，诊断性语言测评的开发和效度研究[J]，《外语教育研究前沿》（2）：23-24。

李航，2015，大学生英语写作焦虑和写作成绩的准因果关系：来自追踪研究的证据[J]，《外语界》（3）：68-75。

李航、刘儒德，2013，大学生外语写作焦虑与写作自我效能感的关系及其对写作成绩的预测[J]，《外语研究》（2）：48-54+112。

马洁、董攀，2017，大学生英语写作焦虑自我调节策略研究[J]，《外语界》（5）：83-89。

秦晓晴，2009，《外语教学问卷调查法》[M]。北京：外语教学与研究出版社。

孙曙光，2017，"师生合作评价"课堂反思性实践研究[J]，《现代外语》（3）：397-406+439。

文秋芳，2016，"师生合作评价"："产出导向法"创设的新评价形式[J]，《外语界》（5）：37-43。

吴荣辉、何高大，2014，合作学习在大学英语写作教学中的应用效应研究[J]，《外语教学》（3）：44-47。

吴育红，2013，同伴互评对自我效能感的影响———一项基于大学英语写作的实证研究[J]，《山东外语教学》（6）：68-72。

吴育红、顾卫星，2011，合作学习降低非英语专业大学生英语写作焦虑的实证研究[J]，《外语与外语教学》（6）：51-55。

张军、程晓龙，2018，"活动理论"视阈下中国英语学习者的同伴反馈策略实证研究[J]，《外语教学》39（6）：57-63。

张艳红，2012，大学英语写作教学的动态评价研究[D]。博士学位论文。上海：上海外国语大学。

周保国、唐军俊，2010，二语写作焦虑对写作过程影响的实证研究[J]，《外语教学》31（1）：64-68。

作者简介：

佘雨新，重庆工商大学外国语学院，讲师。主要研究领域：二语写作，促学评价。电子邮箱：yuxinshe@ctbu.edu.cn

以评促思：DEAR 教学模式的构建与实施

邹敏[1]　　苏晓俐[2]　　陈则航[3]

[1] 北京理工大学
[2] 四川外国语大学
[3] 北京师范大学

提要：本文通过行动研究方法，从写作测评出发，构建和实施了以思辨能力为导向的大学英语写作形成性评价体系 — DEAR 教学模式（确立目标、阐明标准、运用标准、反思与提升）。研究发现，该教学模式可帮助学生内化思辨评价标准，提高思辨认知技能，培养思辨情感特质，提升英语写作中的思辨质量，达到以评促思的目的。

关键词：思辨能力；形成性评价；DEAR 教学模式；英语写作；行动研究

1. 引言

　　培养思辨能力是未来社会和经济发展的必然要求，是我国高等教育改革和发展的战略性任务之一（教育部 2020）。然而，长期以来，我国学生在分析、推理、评价等思辨能力方面的表现不尽人意，存在"思辨缺席"现象（陈则航等 2018）。造成这种现象的原因众多，教师教学和测评方法的不恰当是原因之一（孙有中等 2013；文秋芳、孙旻 2015）。在英语写作教学和评价中，教师倾向于灌输式教学和终结性评价体系，强调语言表达的准确性和复杂性，导致学生在英语写作中对思考问题的视角和逻辑推理等方面重视不足，认为只要背诵句子和作文模板，使用高级词汇，就能在写作考试中得高分，逐渐养成了"重形式、轻内容"的习惯（李莉文 2011），写作中的思辨质量偏低（陈则航等 2018）。如何将思辨能力的培养有效融入英语写作教学，提高写作中的思辨质量，仍是当前英语教育教学改革的重要任务之一（穆从军 2016）。形成性评价通过鼓励学生利用评价信息去调节自己的学习、思想和行为，可帮助学生不断审视和完善写作过程和写作内容，有助于其运用和发展思辨能力（Huang 2016；Stanley & Moore 2010）。因此，本文以形成性评价为手段，就英语写作中的思辨能力培养进行教学行动研究，意图建构以思辨能力培养为导向的大学英语写作形成性评价体系，并探讨其对学生英语写作中思辨质量的影响，以期为英语写作教学改革提供实践思路。

2. 文献综述

2.1 思辨能力与写作的关系

　　思辨能力是一个多维度的概念，其核心要素包括开放、公正等情感特质和分析、推理、评价及自我调控等认知技能（Facione 1990；Paul & Elder 2001；文秋芳等 2009），两者相互促进，共同影响思辨能力的表现和发展（Taube 1997）。为衡量思辨质量，少数研究者开始强调思辨能力的评价标准，认为只有当人们经常使用和内化这些标准时，才会理性地去分析、评价和提升思维的质量和结果（董焱宁 2017）。Paul 和 Elder（2001）提出了思辨能力的九项标准：清晰性、准确性、精确性、深度、广度、重要性、相关性、逻辑性和公正性。这些标准具有普遍的应用价值，可为具体学科中的思辨能力评估与教学提供基础（董焱宁 2017）。

作为一项复杂的社会认知活动，写作是运用思辨能力的过程，也是思辨能力的结果（Bean 2011）。写作需要作者运用思辨能力去立意构思、谋篇布局、推理论证和完善文本。写作过程中，作者需要分析话题，明确写作目的，权衡相关信息，作出行文成篇的选择和判断。同时，思辨能力的提高也需要写作来实现和检验。写作将思辨能力的结果以书面形式呈现出来，让作者有机会运用思辨能力评价标准去审视和完善文本，提升写作中的思辨质量（陈则航等 2018；董焱宁 2017）。鉴于二者的密切关系，研究者已开始探索将思辨能力融入英语写作的教学和测评中，如"写作思辨'一体化'教学模式"（余继英 2014）和"二语写作中的思辨能力评分量表"（董焱宁 2017）。也有学者（李莉文 2011；孙有中等 2013）提出，要通过创新英语写作测评模式，提升思辨能力，但鲜有研究涉及具体操作层面。

2.2 形成性评价与思辨能力培养

近年来，二语写作测评正从终结性评价为主转向形成性评价为主。形成性评价是指在教学中根据一定标准持续监控、评价和分析学生的学习情况，为教师教学和学生学习提供及时、丰富和有针对性的反馈信息，以促进教与学（Lee 2017）。写作教学中，教师可在写作前设置学习任务，帮助学生明确当前学习目标和评价标准；采用过程性写作教学方法，鼓励学生进行多稿写作，并基于评价标准进行自评、互评和反思；依据评价标准，提供明晰、简洁的高质量反馈；使用评价信息来改进教学；建设开放、支持和互助的课堂文化（Lee 2017）。Huang（2016）通过设置多阶段、多来源的形成性评价和反馈体系，将形成性评价运用到大学英语写作教学中。结果显示，学生对思辨能力的结构有所掌握，在写作中能够更好地、有理有据地表达观点。该研究显示了形成性评价在写作课堂中发展学生思辨能力和提升思辨质量的潜力，但并未显性关注思辨能力的内容，可能会影响思辨能力的学习效果。正如文秋芳和孙旻（2015）所言，对大学生而言，显性的思辨能力教学比隐性好，有益于培养学生的自我反思和监控能力。因此，我们试图借助定向型行动研究范式（王蔷、张虹 2013），将思辨能力显性地融入到英语写作教学和测评中，构建和实施以思辨能力培养为导向的大学英语写作形成性评价体系，并回答以下问题：以思辨能力培养为导向的大学英语写作形成性评价体系是否会影响学生写作中的思辨质量？如果是，有何具体影响？如何影响？

3. 英语写作教学中思辨能力培养的行动研究方案

教学行动研究强调教师在教学中开展研究以解决自己教学中的问题并改进教学效果，主要包括提出问题、制定和论证行动计划、教学实施、分析评价和反思等环节（王蔷、张虹 2013）。

笔者在阅读大二学生英语作文的过程中，发现许多学生英语水平尚可，但英语习作中常出现以下问题：（1）分析和论证问题的角度比较单一和片面，缺乏深度；（2）很少提供具体证据去支撑观点，内容空洞；（3）语篇内部语义连贯性差，逻辑性不强。这些问题都与思辨能力密切相关（陈则航等 2018）。基于形成性评价对思辨能力培养的潜力（Huang 2016）、英语写作中形成性评价的特点（Lee 2017）以及思辨能力评价标准对思辨能力评估的重要作用（Paul & Elder 2001），笔者将思辨能力显性地融入到英语写作的形成性评价中，以解决写作教学过程中发现的上述问题，提升学生英语写作中的思辨质量。具体而言，我们从思辨能力的评价标准（如清晰性）出发，构建了以思辨能力为导向的大学英语写作形成性评价体系——DEAR教学模式（图1），包含确立目标、阐明标准、运用标准和反思与提升四个阶段。

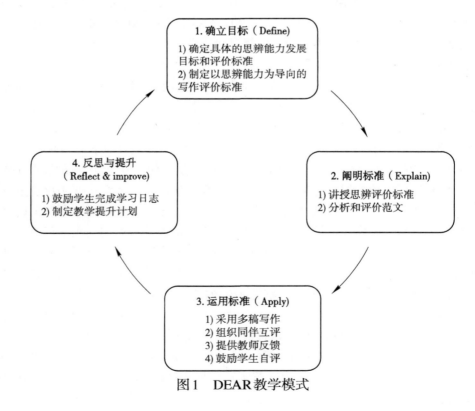

图 1   DEAR 教学模式

首先，教师需要将思辨能力逐步纳入写作教学和测评中，确定每节课的具体思辨目标和评价标准，并制定以思辨能力为导向的写作评价标准（见附录）。写作前，教师讲授思辨标准的含义，指导学生依据思辨标准去分析和评价范文的内容、结构和语言特征，阐明学习目标和评价标准。随后，教师指导学生运用思辨标准去完成与范文主题一致的写作任务。完成一稿后，学生依据思辨标准，分析和评价同伴作文及反馈，修改作文。教师根据思辨标准提供针对性的反馈建议，学生进一步修改作文并自评写作中的思辨质量。最后，学生通过撰写学习日志反思思辨能力的学习，教师利用评测信息制定下一单元的教学计划。笔者在此基础上，制定了一个学期的行动研究方案（见表1）。

表1　行动研究方案

周次	写作主题与技能	思辨评价标准	阐明标准	运用标准		反思与提升	
				一稿	反馈+终稿	反思日志	教学提升计划
1	Happiness: Coherence and cohesion	相关性、逻辑性	√	√			
2					√		
3					√	√	√
4	Culture and etiquette: Fact and opinion	精确性、公正性、相关性、逻辑性	√	√			
5					√		
6					√	√	√
7	Celebrity worship: Exemplification	深度、广度、准确性、精确性、公正性、相关性、逻辑性	√	√			
8					√		
9					√	√	

4. 教学实施

研究者在某外国语大学的两个读写班级中实施了该行动方案，共有51名教育学专业的大二学生参加（男生3人，女生48人），学生英语水平中等偏上。该课程隔周授课，每次两课时，共18课时。学生组成四至五人的学习小组，完成三篇300字左右的议论文写作（详见表1）。下面以第一次写作为例，具体阐释教学实施过程：

（1）确立和阐明思辨标准。第一次写作练习的技能核心是coherence and cohesion，强调语篇内各层级、各单位之间的语义联系（李长忠 2002），与相关性和逻辑性密切相关。我们将该技能核心与写作内容、结构和语言相联系，制定了具体的写作评价标准（见附录）。随后，教师利用生活中的实例给学生讲解了两项思辨标准的含义和写作评价标准，并通过提问的方式（如How does the writer build the logic of the essay?），引导学生去分析课文Happiness的相关性和逻辑性。随后，学生以小组的形式去评价另两篇与Happiness相关的文本的相关性和逻辑性，并以具体的实例支撑结论。

（2）运用思辨标准。在熟悉思辨标准的基础上，学生需要完成以下写作任务：

Some people think that personal happiness is directly related to economic success. Others argue that happiness depends on other factors. Discuss both views and give your own opinion。学生在课堂上对话题进行头脑风暴，并独立完成一稿。教师进行同伴互评的培训，指导学生依据写作评价标准（附录）和同伴互评表去评价同伴作文中的相关性和逻辑性，并回应同伴的反馈意见。然后，教师依据写作评价标准给学生二稿进行书面反馈，组织师生面谈，讨论作文中的问题和修改建议，并在课堂反馈学生在思辨学习方面的共性问题。学生进一步修改作文，并依据写作评价标准进行自评。

（3）反思与提升：各小组撰写学习日志，分享运用相关性和逻辑性去分析、评价和修改作文的心得以及遇到的挑战，并为下次写作任务制定目标。同时，教师在分析学生写作文本和学习日志的基础上，在下一个单元的写作教学中继续强化这两项思辨评价标准的训练。

为探究 DEAR 教学模式对英语写作中思辨质量的影响，我们在教学实施的过程中收集了多种数据。首先，在学期开始和结束时对学生进行了写作测试。两名研究者依据"二语写作中的思辨能力评分量表"（董焱宁 2017）独立测评学生前、后测作文中的思辨质量。遇到意见不一致的地方，两人对照标准商量决定，评分者信度为 0.83。其次，学生在每次写作任务完成时会撰写反思日志，在学期末撰写课程反思报告，反思自身思辨能力的变化。同时，我们在学期开始和结束时访谈了六名不同英语水平的学生，了解 DEAR 教学模式对其思辨能力的影响。我们也收集了学生平时作文的一稿和终稿，探查学生运用思辨标准的具体过程。

5. 结果与讨论

5.1 DEAR 教学模式对英语写作中思辨质量的影响

笔者对学生作文前后测的各项思辨质量评价指标进行了配对 t 检验。表2显示，在学期初，除清晰性以外，学生的思辨质量评价各项指标的平均分都不到3分，与以往关于大学生思辨能力的测量结果一致（董焱宁 2017；穆从军 2016）。学期末，学生在各项思辨评价指标上都有显著提高，具体而言，学生在清晰性、准确性、相关性、深度、广度、逻辑性、重要性、公正性等各个方面均有不同程度的提升。

表2　学生英语写作中的思辨质量 t 检验结果

思辨标准	时期	人数	均值	t 值	p 值
清晰性	前测	51	3.00	-6.221	0.000
	后测	51	3.44		
准确性	前测	51	2.64	-4.836	0.000
	后测	51	2.96		
精确性	前测	51	2.32	-7.819	0.000
	后测	51	2.95		

（待续）

（续表）

思辨标准	时期	人数	均值	*t* 值	*p* 值
相关性	前测	51	2.53	−6.002	0.000
	后测	51	3.11		
深度	前测	51	2.20	−7.099	0.000
	后测	51	2.67		
广度	前测	51	2.68	−4.018	0.000
	后测	51	3.05		
逻辑性	前测	51	2.25	−8.158	0.000
	后测	51	2.85		
重要性	前测	51	2.30	−6.100	0.000
	后测	51	2.82		
公正性	前测	51	2.50	−5.798	0.000
	后测	51	3.01		
总分	前测	51	2.49	−8.631	0.000
	后测	51	2.98		

文本分析结果也显示，相较前测作文，学生在后测作文中从更多角度去分析主题，选择相关信息和例证去支持自己的观点，并且使用恰当的语言形式来清晰、有逻辑地呈现文章内容，与 *t* 检验的数据分析结果一致。

5.2 DEAR 教学模式如何影响英语写作中的思辨质量

通过分析学生的平时作文、访谈和反思报告，我们发现学生英语写作中思辨质量的显著提高与其对思辨评价标准、思辨认知技能和思辨倾向的理解和运用能力密切相关。具体如下：

5.2.1 利于学生内化和运用思辨评价标准

DEAR 教学模式以思辨评价标准为中心设计阅读分析和评价任务、写作评价标准、同伴互评和教师反馈，有助于学生内化思辨评价标准，并用它们去评价和修改写作，提升思辨质量。

> 以前只要套一个好的模板，使用比较复杂的句型和高级的词汇，句子没太多语法错误，就是一篇好作文……现在，好的英语作文应该逻辑性强，信息准确度高，观点新颖和公正，表达观点精确、有理有据，词能达意。(S12 学生反思)

由上可见，DEAR 教学模式有利于学生将思辨评价标准（如逻辑性和准确性）内化为英语写作评价标准，并依此去"规范自己的思维"（S1 后期访谈）。以 S6 的第二次写作任务 *Should we celebrate foreign festivals* 为例，在阅读同伴的反馈意见之后，该生根据公正性和精确性的思辨标准修改了文章内容，并在二稿中使用具体的例子去支持观点。同时，通过教师书面反馈（图2）和师生会谈，S6在修改稿中进一步提升了写作的清晰性、逻辑性、精确性和公正性。

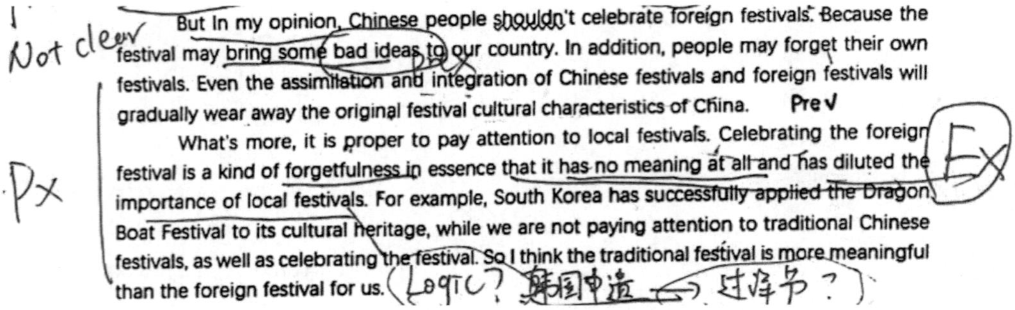
But In my opinion, Chinese people shouldn't celebrate foreign festivals. Because the festival may bring some bad ideas to our country. In addition, people may forget their own festivals. Even the assimilation and integration of Chinese festivals and foreign festivals will gradually wear away the original festival cultural characteristics of China.

What's more, it is proper to pay attention to local festivals. Celebrating the foreign festival is a kind of forgetfulness in essence that it has no meaning at all and has diluted the importance of local festivals. For example, South Korea has successfully applied the Dragon Boat Festival to its cultural heritage, while we are not paying attention to traditional Chinese festivals, as well as celebrating the festival. So I think the traditional festival is more meaningful than the foreign festival for us.

图2　S6写作二稿摘录和教师书面反馈

在学期末的访谈中，S6说道：

> 在庆祝洋节的作文中，我的观点和例子都有比较大的问题。比如，我说洋节会侵蚀我们的文化，但我并没有用具体的例子去论证。我在说观点的时候，也带有一点偏见。修改的时候，我就一直在想，我要如何让自己的想法尽量公正、客观，如何用有代表性的、具体的论据去支撑我的观点，如何让我的表述更有逻辑性和层次性。这些问题都是老师一直强调的，也是我在写作中需要不断提高的。（S6后期访谈）

通过具体的写作评价标准以及写作过程中的多样化、持续性评价，DEAR教学模式让学生有机会去了解、运用和反思思辨评价标准。久而久之，学生会内化并运用这些标准去评价和提升写作中的思辨质量，而这正是思辨能力的核心（Paul & Elder 2001）。

5.2.2 提升学生在写作中运用思辨技能的能力

DEAR教学模式强调过程性写作以及基于思辨标准的自评、互评和修改活动，这可以帮助学生在立意构思、推理论证和修改文章的过程中有意识地去运用和提高思辨认知技能。例如，约三分之二的学生在课程反思中提到，他们在学期初习惯于"拿到题目就开始写作文，想到哪里写到哪里"（S20学生反思）以及"一稿就是终稿"（S3前期访谈）的写作模式。但所有学生在课程结束时都表示，会多角度地分析话题、筛选相关信息及阐释想法，修改作文内容，并反思不足。

> 以前，写作就是呈现观点后，随便加一两个例子，但写出来的作文可能会观点有偏颇或例子不相关，等等。我现在会先想想：我可以从哪些方

面去分析它？我需要搜集什么样的材料？哪些例子更相关？我可以怎样去组织它们，让文章有层次性？我可以用哪些语言去清楚表达我的观点？写完之后，要去完善作文中的观点和结构……还要反思自己在哪里做得不足，需要改进。这样才能向老师教的思辨方法和目标靠拢。（S4 后期访谈）。

形成性评价鼓励学生利用评价信息去调整自己的学习，这让学生有机会运用和发展分析、推理、评价和自我调控等思辨认知技能，而这又会影响学生英语写作中的思辨质量。例如，学生分析技能的提升会直接影响其英语写作在宽度这一维度上的表现（穆从军 2016）。以一位同学的前、后测作文为例，她在前测的文章开头这样写道：… *I think we should set a different goal for ourselves at every learning stage. We have to study in high school, but we should try other wonderful and unfamiliar things to enrich our life between high school and university study*。之后，她就以自己的亲身经历为例论证这个观点，角度单一。但在后测作文中，她不仅提到了反方论点，还分析和驳斥了其原因，并从信息准确性、交流能力和体验式学习三个方面论述了自己的观点，体现出对 *travelling abroad in the information era* 的多角度认识。

5.2.3 提升学生的思辨情感特质

与形成性评价一致（Lee 2017），DEAR 教学模式强调建设开放与支持性的课堂文化，鼓励学生利用头脑风暴、同伴互评和回应去自主探索写作话题和公平交流意见，这有助于培养学生的求真性、开放性、谦逊等思辨情感特质。

老师一直鼓励我们在写作过程中对一个主题进行深入探索，给予我们很大的思维空间。当我们有问题的时候，她就会给一些支持。（S2 后期访谈）
在互相评价作文的过程中，你会发现一些你开始觉得还可以的想法，其实是有问题的……同伴意见可以帮我重新审视我的写作。（S5 后期访谈）

通过给学生创造"思维空间"，给予持续性、多样化的评价和反馈信息，DEAR 教学模式有助于激发学生在写作中的探索欲，培养他们对不同观点的开放态度，提升他们诚实面对不足及作出修改的意愿。这些对思辨能力而言都是十分重要的情感特质（Facione 1990），会直接影响学生在写作中运用思辨技能的意向和频度，以及写作中的思辨质量（Taube 1997）。

6. 结语与教学启示

通过本次行动研究，我们发现实施以思辨能力为导向的大学英语写作形成性评价体系（即 DEAR 教学模式）具有可行性。研究结果显示，测试和评价对教学有正面反拨作用，可以有效提升英语写作中的思辨质量。在写作教学中，教师可以测试为突破口，将思辨能力循序渐进地细化到写作评价标准中，在课堂中实施形成性评价，确保思辨"不缺席"（李莉文 2011；孙有中等 2013；余继英 2014）。通过确立与写作任务密切相关的思辨能力发展目标，运用生活实例和阅读文本阐明标准，指导学生在写作、评价和修改过程中运用标准，并在写作后以学习日志的形式反思思辨学习四个步骤，教师可以将思辨能力培养有机地融入到大学英语写作教学和测评中，帮助学生内化思辨标准，发展思辨认知技能，培养思辨情感特质，从而提高学生英语写作中的思辨质量，达到以评促思、促教、促学的目的。

在实施 DEAR 教学模式的过程中，我们也发现以下新问题，可以为下一轮教学提供一些新的思路。第一，对大部分学生而言，思辨能力十分复杂，难以理解和运用。教师可以以思辨评价标准为抓手，设计专题训练，如文本分析与评价、聚焦思辨评价标准的教师书面反馈和习作修改活动等，帮助学生循序渐进地理解、运用和内化思辨评价标准，并依此规范写作中的思维，改变"重形式、轻内容"的习惯。第二，本研究显示，学生参与评价活动可以帮他们内化和运用思辨评价标准，提高自我调控等思辨认知技能和开放、谦逊等思辨情感特质。因此，教师应尽可能多地让学生参与到思辨能力的评价中（如自评和互评），促使他们用思辨能力的方法去阅读和修改作文。考虑到学生"重形式，轻内容"的习惯，教师可以在学期初进行同伴互评的培训，设计同伴互评表，指导学生根据思辨评价标准去评价同伴习作的优点和不足，并给出切实的修改意见。第三，修改作文是培养思辨技能、提升思辨质量的关键环节（Bean 2011），但许多学生依然有"一稿就是终稿"的习惯。要顺利实施 DEAR 教学模式，教师需要强化过程性写作教学，鼓励学生多稿写作，并通过同伴互评、自我评改、教师书面反馈、师生面谈等多种形式让学生得到多方位的有效反馈，促使他们不断提升写作中的思辨质量（余继英 2014）。最后，尽管学生英语写作中的思辨质量有显著提高，但仍处于中等偏下的水平，这表明学生内化思辨评价标准和提高思辨质量并不是在短时间内就可以做到的。受到课程限制，本次行动研究只持续了 18 课时，开展了三轮思辨写作教学，时间短，频次低。未来研究可适当延长教学时间，效果可能会更好。

参考文献

Bean, J. C. 2011. *Engaging Ideas: The Professor's Guide to Integrating Writing, Critical Thinking, and Active Learning in the Classroom* [M]. San Francisco: John Wiley & Sons.

Facione, P. 1990. *Critical Thinking: A Statement of Expert Consensus for Purposes of Educational Assessment and Instruction: The Delphi Report* [M]. Millbrae: The California Academic Press.

Huang, S. C. 2016. An action research on fostering critical thinking in EFL writing through formative assessment and feedback [J]. *Educational Research Quarterly* 24: 81-105.

Lee, I. 2017. *Classroom Writing Assessment and Feedback in L2 School Contexts* [M]. Singapore: Springer.

Paul, R. & L. Elder. 2001. *Critical Thinking: Tools for Taking Charge of Your Professional and Personal Life* [M]. Upper Saddle River: Pearson.

Stanley, T. & B. Moore. 2010. *Critical Thinking and Formative Assessments: Increasing the Rigor in Your Classroom* [M]. Abingdon: Eye on Education.

Taube, K. T. 1997. Critical thinking ability and disposition as factors of performance on a written critical thinking test [J]. *The Journal of General Education* 46: 129-164.

陈则航、邹敏、陈思雨、李晓芳，2018，《英语写作中的思辨能力表现研究》[M]。北京：外语教学与研究出版社。

董焱宁，2017，二语写作中的评分量表：探索与实践[J]，《中国外语教育》（1）：23-30。

教育部（编），2020，《大学英语教学指南》[C]。北京：高等教育出版社。

李长忠，2002，语篇的衔接、连贯与大学英语写作[J]，《外语与外语教学》（11）：25-28。

李莉文，2011，英语专业写作评测模式设计：以批判性思维能力培养为导向[J]，《外语与外语教学》（1）：31-35。

穆从军，2016，英语专业学生的写作思辨能力调查[J]，《现代外语》（5）：693-703+731。

孙有中、刘建达、韩宝成、查明建、张文霞、彭青龙、李莉文、孙旻，2013，创新英语专业测评体系，引领学生思辨能力发展——"英语测评与思辨能力培养"笔谈[J]，《中国外语》（1）：4-9。

王蔷、张虹，2013，《英语教师行动研究》[M]。北京：外语教学与研究出版社。

文秋芳、孙旻，2015，评述高校外语教学中思辨力培养存在的问题[J]，《外语教学理论与实践》（3）：6-12。

文秋芳、王建卿、赵彩然、刘艳萍、王海妹，2009，构建我国外语类大学生思辨能力量具的理论框架[J]，《外语界》（1）：37-43。

余继英，2014，写作思辨"一体化"教学模式构建[J]，《外语界》（5）：20-28。

附录：以思辨能力为导向的写作评价标准

思辨写作标准	5. 非常好	4. 好	3. 一般	2. 差	1. 非常差
相关性	所有信息和主题密切相关；全文没有无关信息	大部分信息与主题联系比较紧密；全文没有无关信息	部分信息与主题联系较密切；有个别重要相关信息遗漏，个别信息与主题关系不大	信息与主题关联不密切；遗漏重要相关信息，有些信息与主题基本无关	所有信息与主题完全无关
	每个段落都有一个主题句 (TS)，支撑句 (SS) 和发展句 (DS) 与主题句密切相关	每个段落都有一个主题句，支撑句和发展句与主题句联系比较密切	多数段落都有一个主题句，支撑句与发展句与主题句关系不太紧密	少数段落有主题句，支撑句与发展句缺乏或不紧密	所有段落无主题句，支撑句与发展句
逻辑性	非常符合逻辑，没有矛盾和逻辑错误	比较符合逻辑，没有矛盾，基本没有逻辑错误	基本能符合逻辑，没有明显的矛盾，有个别逻辑错误	有一些明显的矛盾和逻辑错误	有多处明显的矛盾或者逻辑错误
	文章结构完整，详略得当，非常有技巧地进行段落组织 (P)，层层递进，段落之间联系紧密，逻辑非常清晰	文章结构完整，段落安排较为合理，段落之间联系较为紧密，逻辑比较清晰	文章结构比较完整，但稍欠合理安排，段落之间的联系够清晰	文章结构不大完整，有一些组织，但文章缺乏段落的形式，或者分段不合适	看不出文章的结构，缺乏段落组织，仅包含松散的句子
	能够正确运用丰富的衔接手段 (CD) 体现段落与句子之间的逻辑关系	能够正确运用较为丰富的衔接手段体现段落与句子之间的逻辑关系	能够运用较为恰当的衔接手段为体现段落与句子之间的逻辑关系	衔接手段运用不大恰当或者比较混乱，段落与句子之间的逻辑关系较为松散	没有运用恰当的衔接手段，段落与句子之间无逻辑关系
精确性	信息表达非常详尽，有充分的例子和解释，表达非常精确	信息表达比较详尽，提供了必要的例子和解释，表达比较精确	信息表达基本详尽，能够提供一些例子和解释，表达不够精确	信息表达不够详尽，缺乏必要的例子和解释，表达不精确	信息表达非常不详尽，大部分观点都比较笼统，缺乏很多必要的例子和解释，表达非常不精确

（待续）

（续表）

思辨写作标准	5.非常好	4.好	3.一般	2.差	1.非常差
公正性	文章的观点、论据、推理、结论各个方面体现了道德的公正性，完全没有针对宗教、种族、性别、年龄、职业等方面的任何偏见，所述内容基于可核证的事实	文章的观点、论据、推理、结论各个方面体现了道德的公正性，没有明显针对宗教、种族、性别、年龄、职业等方面的偏见，所述内容基于可核证的事实	文章的观点、论据、推理、结论方面基本体现了道德的公正性；没有明显针对宗教、种族、性别、年龄、职业等方面的偏见，所述大部分内容基于可核证的事实	文章的观点、论据、推理、结论中的某些方面违反了道德的公正性，有比较明显针对宗教、种族、性别、年龄、职业等方面的偏见，所属部分内容没有基于可核证的事实	文章的观点、论据、推理、结论中的许多方面都违反了道德的公正性，所述内容没有基于可核证的事实，有非常明显的针对宗教、种族、性别、年龄、职业等方面的偏见
深度	文章非常有深度，能够体现出对所分析问题复杂性的认识	文章体现出较好的思想深度，能够体现出对所分析问题复杂性的认识	文章能够基本体现出对所分析问题复杂性的认识，但对主题理解的思想深度不够	文章对主题的理解比较浅显，基本没有体现出对所分析问题复杂性的认识	文章对主题的理解非常浅显，完全没有体现出对所分析问题复杂性的认识
广度	文章能够充分考虑了不同观点，能够好地体现出多角度的思考	文章能够考虑到不同观点，较好地体现出多角度的思考	文章能够考虑到不同的观点，能够在一定程度上体现多角度的思考，不够全面	文章观点比较片面，基本没有考虑到其他角度或不同观点	文章观点非常片面，完全没有考虑到其他角度和观点
	能够充分使用不同领域的例证，辩证分析与作者本人观点相反的立场及视角和视角的优缺点，非常准确地理解了写作要求	能够较好地使用不同领域的例证，辩证分析与作者本人观点相反的立场及视角和视角的优缺点，准确地理解了写作要求	能够适当使用例证，分析与作者本人观点相反的立场和视角的优缺点，基本准确地理解了写作要求	基本没有使用例证与作者本人观点相反的立场和视角的优缺点，对写作要求的理解有较大的偏差	完全没有使用例证分析与作者本人观点相反的立场和视角，对写作要求理解完全错误
准确性	信息表达非常准确；没有任何错误信息；使用的例证来源非常准确可靠	信息表达比较准确；没有错误信息，不会误导读者；使用的例证来源准确	信息表达基本准确；信息基本上不会误导读者；使用的例证来源基本准确	部分信息表达有误，在一定程度上会误导读者；使用的例证来源不明	大部分信息表达有误；信息会误导读者；使用虚假信息或者；使用的例证来源以及错误的例证

注：本写作评价标准参考董毓（2017）的思辨能力评分量表及陈则航等（2018）的英语写作中的思辨能力表征框架

作者简介：

邹敏，北京理工大学外国语学院讲师，博士。主要研究领域：思辨能力、二语写作。

苏晓俐（通信作者），四川外国语大学通识教育学院讲师，硕士。主要研究领域：信息技术与外语教学。电子邮箱：iamsuxiaoli@qq.com

陈则航，北京师范大学外国语言文学学院教授，博士。主要研究领域：外语教育与教师教育。

美国高校英语写作中心运营模式及其启示 *

何佳佳

对外经济贸易大学

提要：本文通过对美国 32 所高校写作中心官网的调研，总结出北美高校写作中心的基本运营模式及辅导实践方式。分析发现，美国高校英语写作中心以过程写作法为基础，通过合作学习方式发展学生自主学习能力、提高学生学术读写能力和批判思维能力，从而提升学生综合学术能力，为专业知识学习打下基础，对美国高校通识教育发展起到重要作用。该运营模式及理念对我国英语写作教学与高校外语教育有一定启示意义。

关键词：英语写作中心；运营理念与模式；写作辅导实践；通识教育

1. 引言

随着国家经济的发展和综合国力的不断提升，我国高等教育发展日趋国际化。本科教育多采用通识教育的课程设置理念，旨在提升学生专业能力的同时，培养广博的基础知识。通识教育背景下的本科教育更注重培养学生的学术读写能力、批判思维能力、自主学习能力和合作学习能力，力求挖掘学生的学习潜力，培养独立自主的学习者和思考者。

美国是世界高等教育强国之一，其本科、研究生教学得到世界各国的普遍认可。据美国国家教育统计中心（NCES）的数据，美国联邦政府援助计划的高等教育机构有 7,236 所，学位授予机构为 4,724 所；其中四年制本科大学约有 3,039 所。美国高校本科生教育大多推行"通识教育"，所有专业的学生必须在大学一、二年级修满规定的通识课程后才能学习专业课程。美国高校本科生通识课程包含的主要模块有人文学科、数学、社会科学、自然科学及外语选修课程。而在人文学科必修课中，美国高校普遍重视学生的学术写作能力及研究能力，课程设置中通常包含一系列的英语写作课程，如大学英语写作、学术阅读与写作、学术研究写作等。美国大学一般要求本科生必须修满六至九个学分才能满足写作模块的要求。通过学习必修核心写作课，学生可具备完成高校专业学习任务的学术读写能力和学术交流能力。此外，为满足学生课业写作需求，美国大部分高校都设有写作中心（Writing Center），作为课外写作辅导和学习场所，为学生免费提供"一对一"写作辅导。有的大学设立自主学习中心或学业支持中心，为学生提供数学、统计学、经济学、外语以及写作等的课外辅导。

---

* 本研究为 2017 年度教育部人文社会科学研究自筹经费项目"动态系统理论视域下的高校英语写作中心构建与评估研究"（17YJE740001）的阶段性研究成果。

2. 调查样本的选择与分布

北美高校普遍成立写作中心，各写作中心还成立了国际写作中心协会（International Writing Center Association）；该协会下有区域性分协会，分为北美区、欧洲区、拉美区、中东区、亚洲区等。其中美国写作中心协会最为成熟，其下又根据地理区域分为近十个子协会：东北区、中东区、中西区、中南区、东南区、落基山区、太平洋西北区、北加州区、南加州区。每个子协会都有各自的官方网站，也有完备的子协会委员会成员及各州代表；这些子协会每年定期举办写作中心区域年会并积极参加全美写作中心年度学术大会。

为使本调查具有普遍性和代表性，研究者通过查阅美国主要公立大学官方网站，收集相关学校写作中心的运营模式和写作辅导数据。为避免地域差异，研究者主要调研了美国东海岸 10 所高校、中部 10 所高校、以及西海岸 12 所高校，查阅目标学校的官方网站，收集部分写作中心近三年年度总结报告，获得了具有一定代表性的运营数据和总体情况。之后，研究者选取美国东部、中部和西部几所规模较大、运营较成熟的写作中心为典型案例，重点分析这些写作中心对该校通识教育的贡献。本研究主要回答三个问题：

（1）美国高校英语写作中心的运营理念和模式如何？

（2）美国高校英语写作中心基于哪些原则开展辅导实践？

（3）美国高校英语写作中心对通识教育的贡献是什么？

3. 美国高校英语写作中心运营理念及模式

3.1 写作中心运营理念

北美基础教育（K-12）系统中的核心课程模块是语言、数学、社会科学、科学等，旨在系统化培养学生的语言技能、人文素养、数学及科学能力。高等教育承袭基础教育培养模块，大多采用通识教育学分制的课程设置，旨在培养学生专业能力的同时打下广博的知识基础。美国高校学生学习中心/学业辅导中心是一种课外自主学习模式，主要针对通识教育中的基础学科进行课外辅导。比较常见的自主学习中心通常辅导学生相对困难的学科，例如数学、统计学、外语（非英语）和英语写作等。

北美写作中心的运营理念是基于苏联心理学家维果斯基（Vygotsky）提出的社会文化理论和建构主义学习理论。社会文化理论从社会文化层面讨论学习和发展的相互关系，提出社会中介、内化、最近发展区（ZPD）以及支架等概念。该理论认为，恰到好处的外界介入能够使个体超越自身实际水平，促使个体更快发展。建构主义学习理论认为学习是积极探索的过程，是通过个体与外界的合作、协商和沟通完成的，最终达到意义构建（学习）的目的。建构主义理论强调学习是在情景化、社会化的互动中发生的；另外，该理论强调以学生为中心，学生主动探求知识和对所学知识的意义构建。最近发展区的理念是学习者在外界有效的帮助下，完成超越自身实际能力的任务，从而激发学习能力，逐步提高自身能力的过程。

北美高校写作中心从20世纪30年代后就成为高等教育的一部分（Murphy &
Law 1995），是一直被公认为独立于课堂之外的自主学习中心。20世纪七八十年代
后，北美大学写作中心运营是采取注重辅助写作过程、注重作者文本所有权以及运
用合作写作为主要理念的辅导方式（Brooks 1991；Lunsford 1991）；北美写作中心
通常采用非指导性、合作写作的辅导方式，常以提问的形式引导学生自我解决问题
（Shamoon & Burns 1995）。北美高校写作中心多有专职教学行政人员负责管理和运
营，写作辅导大多采用Bruffee（1984）提出的同伴辅导形式，认为有着相似背景、
经历和社会地位的作者和读者间的互动交流能够促进学习。美国高校常招聘写作基
础较好的本科生、研究生担任写作辅导教师，按照轮班形式辅导到访学生。写作中
心起初面向写作能力弱的母语学生，随着国际学生的迅速增长，美国高校写作中心
逐渐成为国际学生寻求写作帮助的课外辅导课堂。国外写作中心的相关研究表明，
写作辅导过程中学生参与度越高，越能产生重要的修改（Goldstein & Conrad 1990；
Williams & Severino 2004），因此写作中心在学校教育和学生群体中有较大的影响。
北美高校教育理念主张发挥学生主观能动性，在大学校园设立各种自主学习机构和
学科社团，旨在提供学生课堂之外自我学习空间，发展同伴互助的学习模式。

3.2　写作中心运营模式

美国高校写作中心主要承担校内学生的英语写作辅导任务，形式多为"一对
一"个性化辅导。写作辅导的即时目标是针对学生在写作过程中出现的问题提供有
效帮助，引导学生修改完善各类写作任务。此外，美国大学写作中心的远期目标是
期望学生在"发现问题—解决问题"的过程中培养思辨能力、合作学习能力和自主
学习能力，从而成为独立写作者和学习者。

美国高校写作中心除了常规的个性化写作辅导外，还定期开设语言与写作能力
工作坊或写作技能讲座，例如如何查找学术资料、学术论文写作、写作引用规范
等。这些讲座、工作坊免费对全校各专业学生开放，增加学生学术写作知识。同
时，这些课程也为美国大学本科生打下扎实的学术写作基础，培养他们的学术研究
能力和自主学习能力。

除了校内实体写作中心外，部分高校写作中心开放网上写作辅导，为学生提供
远程辅导。其目标是为学生解决写作过程中的疑问，同时培养扎实的学术读写能力
和学术素养。另外，美国各高校写作中心官网一般都提供丰富的英语写作学习资
源，供远程学习者参考。

4. 美国高校英语写作中心的辅导实践原则

美国高校写作中心有别于主流的大班英语写作课堂，更注重个性化辅导，具
有灵活性、多样性与互动性的特点，其写作教学模式符合北美教育理念和英语写
作理论。美国高校写作中心通常提供一对一面辅写作指导（one-on-one tutoring）、
一对一在线写作指导（online tutoring）、定期英语写作知识技巧工作坊（writing

workshops）。美国高校写作中心辅导主要体现以下原则：以过程写作法为基础，注重写作过程；以自主学习为内在驱动，激发作者学习主动性；以合作写作为主要辅导模式，提供写作过程"支架"辅助；以形成性动态评估为主要评估方式，充分挖掘作者潜能。

4.1 以过程写作法为基础，注重写作过程

美国高校主流写作教学方法有成果教学法、过程教学法、体裁教学法、社会文化方法和批评教学法。其中，影响较大的是 Flower 和 Hayes（1981）提出的写作认知过程模型，说明写作是复杂的认知活动，写作过程是非线性、循环性的。Silva（1990）提出了二语写作模式，强调作者、文本、读者、写作情景等几个要素的互动，突出写作这项认知活动的社会性和互动性。美国高校写作中心的辅导以体裁过程写作法为基础，注重写作过程中的各种有效介入（教师、同伴、资源等），将写作分成构思、成稿、修改和润色几个阶段（Flower & Hayes 1981），着重强调在非线性的写作过程中提供外部辅助，从而让学生习作达到最大改善。写作辅导最主要的功能是在作者写作过程中提供真实的读者反馈，产生作者—文稿—读者之间的社会互动，提供支架式学习帮助，在循环的写作过程中提高作者的写作能力并逐渐培养他们成为独立的写作者。学生在写作的任何阶段都可以与写作中心辅导教师商讨，写作中心提供了课外自主学习场所和辅助资源。国外写作中心实证研究表明，个性化的写作辅导对学生文本修改有积极作用。

4.2 以自主学习为内在驱动，激发作者学习主动性

国外自 20 世纪 70 年代开始探讨自主性外语学习。Holec（1981）正式介绍了学习者自主性的概念，认为具备自主性学习能力的学习者能确定学习目标、选择学习内容和方法、评估学习过程和学习效果。之后出现论述培养自主学习能力的理论依据和实证研究（Cotterall 2000；Wenden 1991）。90 年代后国外自主学习研究表明，自主学习能发挥学习主动性，激发学生学习潜能。北美大学的写作辅导以学生自主学习为内在驱动。个性化辅导有利于发现并解决学生写作中的问题：学生在辅导教师的引导下，逐渐学会运用写作策略自我解决问题，为他们学会自我调控、自主学习作了必要的积累和铺垫。

4.3 以合作写作为主要辅导模式，提供写作过程"支架"辅助

合作写作的理论依据是 Vygotsky（1978）提出的社会文化理论，该理论认为学习者如果在社会互动中得到恰当的帮助，其认知能力就会超越自身现阶段能力，向潜在的水平发展。之后学界出现"支架"概念，认为这种外界辅助可以帮助儿童或新手完成自身不能独立完成的任务。后续研究将"支架"延伸到课堂互动中，发现教师支架在促进学习者积极参与课堂活动、提升知识理解和提高语言技能等方面有重要作用（Aljaafreh & Lantolf 1994; Kim & Cho 2017; Meyer & Turner 2002）。其中，Aljaafreh 和 Lantolf（1994）关注教师支架的对话性特征。Pentimonti et al.（2017）的研究表明教师支架具有动态性特点：学习者水平较低时教师采用高

强度支架策略，提供较多帮助；随着学生水平提高，教师使用低强度支架策略，提供较少帮助。美国高校写作中心的辅导模式就是根据学习者现有水平和需求，辅导教师使用言语性策略（提问、引导、重述等）和非言语性策略（手势、表情等），为学习者提供必要辅助，帮助他们完成写作任务。此外，同伴间的合作写作能够促进学习者反省式思考（Higgins et al. 1992; Keys 1994）；而 Donato（1994）发现，同伴间的互动能帮助作者积累语言知识。过程写作法的一个核心阶段是文本修改，也是体现循环往复的过程写作和"介入"式辅助的重要环节。合作写作是北美大学英语写作中心采用的主要辅导模式，在"一对一"的写作互动中，建立写作信心，提供缺失的写作中介，挖掘作者潜能，取得更好的学习效果。

4.4 以形成性动态评估为主，充分挖掘作者潜能

北美写作中心的写作辅导模式是基于课堂外"一对一"的个性化辅导，以能力较高的同伴或经验丰富的写作教师之间的社会互动为主要沟通方式。传统的课堂教学评估注重作者独立写作的能力，而动态评估关注的是作者借助"中介"完成任务时表现出来的写作潜能；这样的辅导模式大大降低作者的写作焦虑，使之更好地投入到写作任务中。Poehner（2008）等学者对学习者语言能力进行了动态评估，他们的实验融合教学和评估，考察现有语言水平、评估学习潜能，促进学生语言能力发展。

北美写作中心采用动态评估法，教学主要体现在辅导教师（中介人）采用渐进提示法帮助学习者发现问题、解决问题、提升其最近发展区内的能力；学习方面体现在学生在辅导中发现问题、在教师的指导下运用策略解决问题和辅导后的自我评估和反思等活动。这种模式给学生充分机会完善自己的习作，积极发挥同伴/教师的积极中介作用，从教师/同伴提供支架帮助学生共建文本，逐步过渡到学生独立完成文本。

5. 美国高校英语写作中心对通识教育的贡献

5.1 作为基础学科辅导基地，为通识教育打下坚实基础

北美高校遍布全美 50 个州，有私立大学、公立大学、一般学院（college）和社区学院（community college）等；各州的州立大学多属于公立大学。为使研究具有一定的代表性，研究者对美国东海岸、西海岸及中部地区部分学校做了调研，发现大部分高校都有写作中心，有的单独存在，有的隶属大学学业辅导中心或学生学习中心。这些学习中心免费向学生开放，主要目标是在课堂外辅导通识教育基础学科，成为通识教育教学模式的一个重要组成部分。美国高校学业辅导中心一般有专业人员管理和负责，同时招聘优秀研究生、本科生来中心做同伴辅导（peer tutors）。另外，美国高校学业辅导中心已经成为校园学业支持计划的一部分，在校生凡有学业问题，一般都会到学业辅导中心求助，因此学生的参与度较高。以下是美国部分高校写作中心 2018 年度相关统计数据：

表1 美国部分高校写作中心2018年写作辅导数据统计表

美国部分高校写作中心数据	年度辅导场次	辅导学生数量	学生满意度
加利福尼亚大学（UCLA）	11,732	5,471	95%+
加利福尼亚大学（UCDavis）	13,065	7,459	93%
圣何塞州立大学（SJSU）	5,159	2080	96%-99%
俄勒冈州立大学（OSU）	10,214	7114	93% +
普渡大学（PU）	6,205	2,256	95%-98%
蒙大拿大学（UOM）	5,251	2,335	97%
堪萨斯大学（UOK）	4,728	1,910	92%
中密歇根大学（CMU）	6,670	2,868	98%

案例1 加州州立大学学业辅导中心

加州州立大学东湾分校（California State University-East Bay）学业辅导中心（Student Center for Academic Achievement）免费为全校学生提供数学、写作、统计学、科学方面的学业辅导课程；其目标是帮助学生拓展各项学业技能，成为自信的独立学习者。根据其辅导中心2018年年度报告，在2017—2018学年共有22,200人次参加了该中心的各类辅导课程（含网上写作中心的辅导）；参与写作训练营的学生中有73%成功通过该校英语写作测试（Writing Skills Test），未参加训练营的学生只有48%通过写作测试。从全校范围来看，2014年有14,655人次参加学业辅导，到2018年增加到22,220人次，不仅在人数上有较大增长，也形成了互帮互助、共同学习的校园文化。

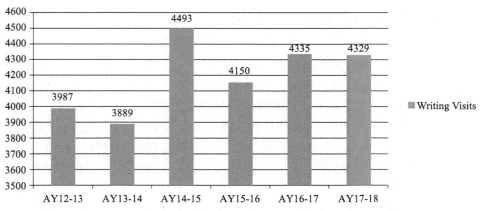

图1 加州州立大学东湾分校2012—2018年英语写作辅导人数统计

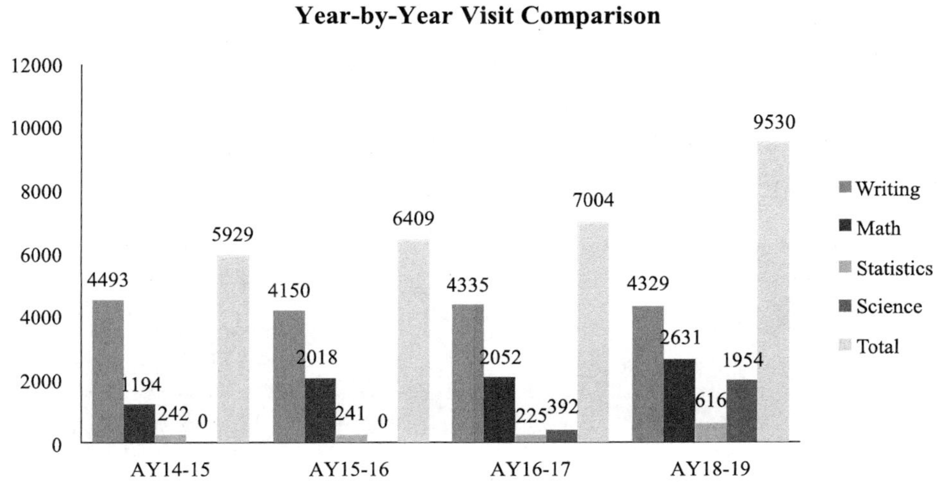

Year-by-Year Visit Comparison

图2　加州州立大学东湾分校2014—2019年学业辅导中心数据统计

从2014—2019年学业辅导中心数据来看，参与学业辅导的学生数量呈逐年上升趋势。该中心主要对通识教育的写作、数学、统计学、科学类学科进行辅导，但英语写作辅导在总辅导数量中占绝对优势，且需求量和辅导量也基本逐年上升。由此可见，英语写作能力在通识教育中的重要地位，写作能力的提高是通识教育的一个重要目标。例如，加州圣何塞州立大学（San Jose State University）写作中心2018学年度开设了5,159场英语写作辅导，有2,080名学生参加了写作辅导，学生满意度在96%-99%之间，普遍认为写作中心辅导帮助较大。华盛顿州东华盛顿大学（East Washington University）对参加写作中心辅导的学生进行了问卷调查，问卷显示93%的学生表示写作中心能帮助他们产出更好的写作任务，90%的学生认为参与写作中心辅导能帮助他们提高英语写作技巧。

5.2　作为课外自主写作课堂，拓展学生写作能力和学习潜力

美国高校开设的写作课既重视基础写作能力的培养，又重视学科间的融合和专业学科写作。美国综合大学必修通识写作课程通常要求学生进行研究论文、学科论文的写作，对多数学生有一定的挑战。而写作中心的课外辅导模式在一定程度上满足了学生多学科课程论文的写作需求，从而发展跨学科写作、支持和辅助各专业全科发展，辅助高校多学科写作（Writing in the Disciplines）和跨课程写作（Writing across the Curriculum）项目，拓展专业写作能力和学术研究能力。例如，加利福尼亚大学圣迭戈分校写作中心的运营理念是辅助每一位写作者，使写作成为学习的工具。据调查，美国综合型大学的写作中心覆盖面较广，常年为学生提供写作辅导服务；规模较大的写作中心还分为本科生写作中心、研究生写作中心、在线辅导中心等，其宗旨就是在写作/学习过程中及时解决问题、提供必要帮助，挖掘学生潜力。

案例2.俄勒冈州立大学写作中心、加利福尼亚大学洛杉矶分校写作中心

俄勒冈州立大学写作中心并不仅限于辅导英语相关的专业，还对学校多个学院

的学科论文进行辅导，如工程学院（23%）、商学院（14.6%）、理学院（12.9%）、公共卫生和人文学院（12.3%）、大学实践课程（14.3%）等。研究表明，以内容为依托的学术写作有助于提高语言知识水平较低的学生的写作动力（Bacha 2002）。另外，学生在通识教育中所获得的英语写作能力，很自然地应用到专业论文和研究论文中，有利于强化跨学科专业知识和学术交流，形成良好的通识教育课程共同体。

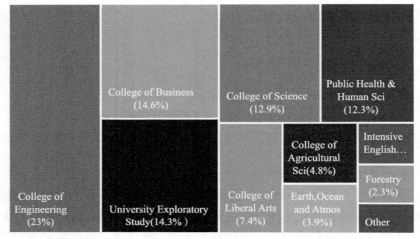

图3　俄勒冈州立大学写作中心2018年辅导全校多学科论文写作占比

　　加利福尼亚大学洛杉矶分校的写作中心较为成熟。从2018—2019学年写作辅导数据来看，全年辅导共计11,732场，协助5,471名学生完成英语写作任务，辅助全校范围内755门专业课程。从个体来看，这些写作辅导协助本科生完成学科专业写作任务，同时也拓展了学生学术英语读写能力和综合学习能力，帮助学生成为独立学习者和写作者，进一步拓展了一体化的跨学科写作技能和良好的通识教育课程共同体，为该校的本科生专业课程和通识教育作出了积极贡献。

UCLA Undergraduate Writing Center

BRIEF OVERVIEW

Total Sessions	11,732
Total Courses Served	755
Total Sessions in A61 Humanities	6,102
Total Sessions in Rieber 115	1,353
Total Sessions in Powell 238	1,222
Total Sessions in Social Science Satellite	1,638
Total Sessions in History Writing Center	1,417

图4　加利福尼亚大学洛杉矶分校本科生写作中心2018年度写作辅导数据

5.3 作为美国高校自主学习中心成功典范，建立强大的英语写作学习共同体

普渡大学写作中心是美国大学较为成熟、备受关注的写作中心之一。除了在校内提供常规一对一写作辅导、写作工作坊及定期写作讲座外，普渡大学还于1993年建立了美国第一个较正规的在线写作实验室（Online Writing Lab），为校外广大学生和英语写作者提供大量写作资源及网上写作辅导。因其写作资源较丰富、网络写作辅导较为专业，普渡大学在线写作实验室成为世界各国英语写作者访问最为频繁的写作网站之一。

案例3. 普渡大学在线写作实验室（OWL）

从普渡大学英语写作中心年度报告来看，其在线写作实验室近十年的访问者数量呈现递增趋势，尤其是2013—2018五年间，在线写作实验室注册用户大幅增长，说明英语写作能力在全球高校日益受到重视，各国大学生也开始借助网络资源，不断发展学术读写能力。

另外，普渡大学2018年也统计了全世界网络用户的使用情况。拥有较大用户群体、网站访问率最高的十个国家是美国（303,822,283）、加拿大（33,002,788）、中国（4,438,357）、英国（4,059,161）、澳大利亚（3,211,120）、德国（2,478,302）、菲律宾（2,305,425）、日本（2,134,404）、新加坡（1,772,858）、荷兰（1,534,133）。

表2　美国普渡大学写作中心2008—2018年辅导人数统计表

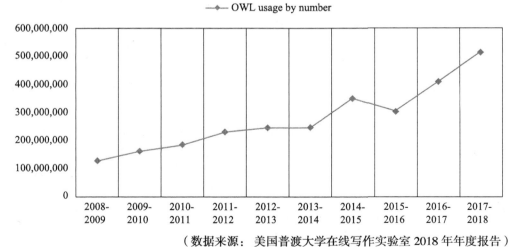

（数据来源：美国普渡大学在线写作实验室2018年年度报告）

由此可见，中国是除美国和加拿大之外最大的用户国，在一定程度上反映了中国学生群体、中国学者对英语学术写作技能的需求。他们通过查阅网络写作资源、自主学习OWL网络写作实验室的写作知识和技能和网上一对一辅导可以解决个性化写作问题。经过一定的系统学习和训练，也能够提高自身学术写作水平，融入国

际学术圈，增加国际学术交流和合作。

6. 结论与启示

以上调研表明，美国高校写作中心以过程写作法为基础，注重辅助写作过程；以自主学习为内在驱动，激发学生学习主动性；以合作写作为主要辅导模式，提供写作过程"支架"辅助；以形成性动态评估为主要评估方式，充分挖掘学生潜能。这样的模式适合美国高校通识教育理念，对培养独立思考者和学习者有积极贡献，对我国高校英语写作教学模式也有较大的启示。

首先，通识教育课程教学模式应建立跨学科、跨学校的交互性学术共同体。我国高等教育已经进入融合大数据和现代教育技术的新时代，以教师为主、以课堂授课为主的传统教学方式远远不能满足当代大学生的学习需求。现代信息技术发展已为高等教育带来了形式多样的教学模式，多媒体课堂、视频公开课、微课、慕课、翻转课堂等为学生提供了灵活自主的学习方式，同时也说明大学教育已从单一的课堂学习向课外自主学习、个性化学习、合作式学习、在线学习、移动学习等方向发展；学习空间也从教室延伸到多种社会环境，甚至虚拟空间。因此，中国高校通识教育教学模式必须转型，构建坚实宽厚的通识教育基础，呈现多样化教学模式、提供课外个性化学习辅导才能符合新时代的需求。可喜的是，中国在线教育已经向常规化和成熟化发展，目前已搭建较为成熟的"中国大学MOOC"学习平台、"中国高校外语慕课平台"等在线平台，精心录制了涵盖工学、理学、计算机、文学、外语、法学、心理学、教育学、经济学、管理学等多学科的在线慕课，打破了学科界限、学校界限，真正意义上做到共享优质教学资源，让每一位学生都有机会学习通识教育的优秀课程，打下坚实、宽厚的通识教育基础，从而形成跨学科、跨学校的交互性学术共同体。

其次，通识教育课程体系应建立自主学习中心，充分发挥学生合作学习潜能。近年来中国部分高校已经开始建立学生自主学习中心，对学生进行个性化学业指导。据不完全调查，清华大学成立了包含英语写作中心的学业辅导中心，面向全校本科生招聘优秀学生进行各门学科辅导；中国政法大学英语写作中心，主要由专业写作教师对学生进行各类英语写作辅导；中国人民大学写作中心辅导教师包含教学经验丰富的外籍教师；对外经济贸易大学国际写作中心主要对学生进行基础写作、学术写作、商务写作、新闻写作、法律英语写作等多学科写作辅导；中国科学院大学英语写作中心重在辅导多学科专业学术论文写作任务；吉林大学学术英语写作中心定期为学生开办学术写作讲座，并进行个性化写作辅导。此外，浙江大学、中山大学、北京交通大学、南京农业大学等高校也成立了英语写作中心，提供课堂外的英语写作辅导。以上这些高校虽不能代表中国多地区、多层次的高校主体，但在一定程度上反映了中国大学英语教学学生多学科写作需求、反映了课外学业辅导中心等形式的自主学习模式已经成为当代大学生学习趋势，是课堂教学的有益补充。

最后，在"双一流"建设背景下，中国高校建立自主学习中心具有较大实践意义。自主学习中心能辅助专业课堂教学，提供自主学习资源，满足人才培养需求；其中成熟的英语写作中心的建立和运营，将打破传统的课内、课外界限，为个性化自主式学习提供良好平台。写作中心将为学生提供大量的英语写作资源，能把课外资源引进课堂，拓宽学生视野，发挥学习主动性，延伸英语学习模式，培养自主、独立、创新型人才。另外，高校可以创建线下线上写作中心运营模式，响应大学英语教学改革。教育部有关大学英语教学改革的指导意见指出，大学英语课堂要满足多样化、个性化、创新人才培养的需要。近年来，我国部分高校开设了第二、三课堂和网络学习课程，还出现了慕课、微课和"翻转课堂"等新兴的外语课堂模式，写作中心的建立将探索"互联网＋"时代的大学英语写作教学多元化模式，也将对学生学习英语写作带来益处。此外，中国高校建立英语写作中心，对英语写作教学将有很大辅助作用，可以促进大学生国际交流，顺应高等教育国际化趋势。高校英语写作中心的建立，将为大学生提供全面丰富的写作资源和个性化辅导，帮助他们体验自主学习模式，培养其创新实践能力和解决问题能力，有助于大学生校际交流。

参考文献

Aljaafreh, A. & J. P. Lantolf. 1994. Negative feedback as regulation and second language learning in the zone of proximal development [J]. *The Modern Language Journal* 78(4): 465-483.

Bacha, N. N. 2002. Developing learners' academic writing skills in higher education: A study for educational reform [J]. *Language and Education* 16(3):161-177.

Brooks, J. 1991. Minimalist tutoring: Making student do all the work [N]. *Writing Lab Newsletter* (15).

Bruffee, K. 1984. Peer tutoring and the conversation of mankind [A]. In G. Olsen (ed.). *Writing Centers: Theory and Administration* [C]. Urbana, IL: NCTE. 87-98.

Cotterall, S. 2000. Promoting learner autonomy through the curriculum: Principles for designing language courses [J]. *ELT Journal* (2): 109-117.

Donato, R. 1994. Collective scaffolding in second language learning [A]. In J. P. Lantolf & G. Appel (eds.). *Vygotskian Approaches to Second Language Research* [C]. New York City, NY: Norwood Ablex. 33-56.

Flower, L. & J. R. Hayes. 1981. A cognitive process theory of writing [J]. *College Composition and Communication* 32(4): 365-387.

Goldstein, L. M. & S. M. Conrad. 1990. Student input and negotiation of meaning in ESL writing conferences [J]. *TESOL Quarterly* 24(3): 443-460.

Higgins, L., L. Flower & J. Petraglia. 1992. Planning text together: The role of critical reflection in student collaboration [J]. *Written Communication* 9(1): 48-84.

Holec, H. 1981. *Autonomy and Foreign Language Learning* [M]. Oxford: Pergamon Press.

Keys, C. W. 1994. The development of scientific reasoning skills in conjunction with collaborative assignments: An interpretive study of 6-9th grade students [J]. *Journal of Research in Science Teaching* 31(9): 1003-1022.

Kim, S. & S. Cho. 2017. How a tutor uses gesture for scaffolding: A case study on L2 tutee's writing [J].

Discourse Processes 54(2): 105-123.

Lunsford, A. 1991. Collaboration, control, and the idea of a writing center [J]. *Writing Center Journal* 12(1): 3-10.

Meyer, D. K. & J. C. Turner. 2002. Using instructional discourse analysis to study the scaffolding of student self-regulation [J]. *Educational Psychologist* 37(1): 17-25.

Murphy, C. & J. Law. 1995. Introduction [A]. In C. Murphy & J. Law (eds.). *Landmark Essays on Writing Centers* [C]. Mahwah, NJ: Erlbaum. xi-xv.

Pentimonti, J. M., L. M. Justice., G. Yeomans-Maldonado., A. S. Mcginty, L. Slocum & A. O'Connell. 2017. Teachers' use of high- and low-support scaffolding strategies to differentiate language instruction in high-risk/economically disadvantaged settings [J]. *Journal of Early Intervention* 39(2):125-146.

Poehner, M. E. 2008. *Dynamic Assessment: A Vygotskian Approach to Understanding and Promoting L2 Development* [M]. Berlin: Springer.

Shamoon, L. K. & D. H. Burns. 1995. A critique of pure tutoring [J]. *Writing Center Journal* 15(2): 134-151.

Silva, T. 1990. Second language composition instruction: Developments, issues, and directions in ESL [A]. In B. Kroll (ed.). *Second Language Writing: Research Insights for the Classroom* [C]. New York: Cambridge University Press. 11-23.

Vygotsky, L. S. 1978. *Mind in Society: The Development of Higher Psychological Processes* [M]. Cambridge, MA: Harvard University Press.

Wenden, A. L. 1991. *Learner Strategies for Learner Autonomy* [M]. UK: Prentice Hall.

Williams, J. & C. Severino. 2004. The writing center and second language writers [J]. *Journal of Second Language Writing* (13): 165-172.

作者简介：

何佳佳，对外经济贸易大学英语学院副教授，博士。主要研究领域：二语写作、商务英语、学术英语研究等。电子邮箱：hzjhe2015@qq.com

整体与分项评分法在英语独立写作评分中的对比研究

纪小凌

上海交通大学

提要： 语言测试界不乏对整体式和分项式评分的研究，大多数研究显示分项式评分的信度（即评分员间一致性）高于整体式评分，国外也偶见研究证明整体式评分有更高的信度。本研究中三位背景相似的评分员对 30 篇学生作文采用三种不同评分方式打分：五维度分项评分法、整体式评分法和三维度分项评分法。结果发现整体式评分法的信度最高，略高于三维度分项评分法，而五维度评分法的信度最低，这说明如果评分员背景、经验相似，整体式评分法同样可以有不错的信度。此外，三种评分法之间的两两相关性较高，说明使用不同的方式评分所得分数没有大的差异。回归分析显示对整体分贡献最大的维度是语言。评分员对整体式和三维度分项式评分的评价比较积极，也提出了各自的一些问题。最后，学生的反馈显示大部分希望获得分项式评分。

关键词： 整体式评分；分项评分；信度；相关性

1. 引言

写作能力是英语水平的一个重要指标。大规模英语测试如托福、雅思、大学英语四/六级和专业英语四/八级等都包含写作部分，前两者甚至包括两个写作任务。由于评分员评分的偏差（Schaefer 2008），写作评分一直是英语测试研究的关注重点。目前学界对整体式和分项式评分方法的优劣有一定的共识，大多数研究发现分项评分法信度更高，也有个别研究发现整体式评分法更好。一线教师采用不同的评分法信度如何？各自有哪些优势或特点？学生希望老师采用何种评分方式？这些问题尚未在前人研究中得到足够关注，研究成果也不够充分。本研究试图解答上述问题，从而进一步加深对不同评分方式的认识。

2. 文献综述

写作评分中两种最常见的方法是整体式和分项式评分法。使用整体式评分法所获取的分数又称整体印象分；而分项式评分法从不同维度给作文打分，一般可以有二至五个维度，最后不同维度小分的总和构成作文分数。Weigle（2002）对两种评分方法作了对比梳理，认为整体式评分法假设写作能力在不同方面同步发展，具有更高的真实性，简单高效，但可能会掩盖写作者在不同能力方面的不平衡发展。而由于二语写作者的写作能力无法在不同方面做到均衡发展，分项评分法更适合二语写作者，能更好地提供诊断信息，信度更高；但分项评分法缺乏阅读的真实性，评分员有可能先做整体性的阅读，然后再调整各个分项的小分来匹配整体印象。

对整体式评分的隐性批评是其缺乏理论依据，更多是出于对成本以及一致性的考虑（Hunter et al. 1996）。Hamp-Lyons（2016a, 2016b）认为不应该用一个分数来评价作文，她提倡多特质评分（multi-trait scoring），因为这对教师和测试机构来说更容易理解。

相较于整体式评分，分项式评分的信度更高、出现的偏差更小（Hamp-Lyons 1991；Weigle 2002；Zhang et al. 2015）。Hamp-Lyons（1991）特别提出应该收集多个分数来提高信度，大多数实证研究也证实了这一点。Nakamura（2004）发现与整体式评分相比，采用五维度（内容原创性、结构、词汇、语法、衔接与逻辑）分项评分法时评分员的一致性更高。姚琴宜等（2008）采用席仲恩（2006）开发的"信度"系数估计程序对两种评分法的信度作了对比研究，结果显示三维度（内容、结构、语言）分项评分法所得总分的信度远高于整体评分法。孙海洋和韩宝成（2013）同样对比了整体评分和三个维度（内容、语言、结构）的分项评分，采用多元概化信度分析，发现分项评分总分的信度高于整体评分。李清华（2014）就英语专业四级测试作文部分的三维度分项评分法（思想表达、语言运用和写作规范）与之前的整体评分法作了对比，发现前者的信度高于后者。在 Ghalib 和 Al-Hattami（2015）的研究中，整体式评分法的信度为 0.797，而五维度分项评分法（内容、衔接、句法结构、词汇与写作规范）的信度高达 0.958。Zhang et al.（2015）发现不管是相对决定条件还是绝对决定条件，分项式评分的信度都略高于整体式评分；评分员越多，差异就越小；如果有三个评分员，分项式评分法的信度仅比整体式高0.01。与上述研究不同，Barkaoui（2007）得出整体评分法信度高于四维度分项评分法（内容—组织结构、语法、写作规范、文体）的结论。

关于两种评分法的相关性，现有研究的结论存在分歧。例如，Vacc（1989）发现两者之间有很高的相关性；Bacha（2001）的研究里两者相关性高达0.8。Hunter et al.（1996）发现两者的相关性为0.69，整体分与五个分项的相关性分别为0.47（词汇）、0.51（句法）、0.53（结构）、0.54（内容）和0.55（写作规范）。Zhang et al.（2015）却发现两种评分法之间的相关性不高，他们认为在批改二语作文时，同一篇文章用不同评分法得出的分数可能存在很大差异。

从以上综述可以看出，绝大多数研究发现分项评分法的信度优于整体式评分法。Barkaoui（2007）是极少数的例外，他的解释是评分员没有经过分项评分法的培训。学界一般认为分项评分法的信度更高，因为它有几个维度，对每个维度有详细的说明，因此更容易被评分员把握。Cooper（1977）也是赞同这一点，强调如果评分员有相似背景且经过训练，就能达到很高的一致性。这两个研究表明不管用什么样的评分方法，评分员都是一个重要变量。但上文综述提到的研究多数没有提及评分员的背景或者是否接受过培训，如 Nakamura（2004）、孙海洋和韩宝成（2013）等。

由此可见，两种评分法哪个信度更高与评分员的背景等信息不无关系，而另一方面，对两者相关性研究得出的结论差别更大，因此需要进一步探讨。本研究重点关注写作评分经验丰富的大学英语老师对三种不同写作评分法（五维度分项评分法、三维度分项评分法和整体评分法）的使用体验和结果，并回答如下研究问题：

（1）整体评分法、五维度分项评分法和三维度分项评分法各自的评分员间信度如何？它们之间的相关性如何？不同维度对整体分的贡献如何？

（2）评分员如何评价不同的评分方法？

（3）学生对不同评分方法作何评价？

3. 研究设计

3.1 研究参与者

问题（1）和（2）的研究对象是上海某高校大二学生。本研究随机抽取了30篇2016年大学英语课程春季学期期末限时作文。该任务要求学生在30分钟内完成一篇说明文：为什么很多家庭不愿生二胎。问题（3）的研究对象是上海某高校2017年春大学英语课程一年级某班的学生。

本研究的三位评分员在研究进行时分别有15、16、17年的教学经历，年龄介于40—50之间，两位为副教授（博士学位），另一位为讲师，博士在读。她们都有丰富的整体评分法的经验，但其中两位没有任何分项评分的经验。

3.2 评分方法及过程

评分方法1是五维度分项评分法（Jacobs et al. 1981），这也是Weigle（2002）所提到最广为人知的分项评分法，总分100分，从内容（30分）、组织结构（20分）、词汇（20分）、语言（25分）和写作规范（5分）五个方面对作文进行评价，每个维度有四个等级。评分方法2为大学英语四/六级所采用的整体式评分标准，满分为15分，共分五档，2分、5分、8分、11分和14分。评分方法3从内容、结构和语言三个方面考查一篇作文，满分为30分，每个维度又分五个等级。这也是国内其他研究（孙海洋、韩宝成2013；李清华2014；姚琴宜等2008）所使用的评分法。

三位评分员分别用三种不同的评分方法评分。每两次评分中间相隔10天，目的是将记忆的影响最小化。每次评分结束后，评分员应研究者要求写下使用该评分标准的感受。与其他一些研究不同，研究者并没有对评分员做任何培训，目的是考察这些老师的真实状态，了解没有任何分项评分法经验的老师试用分项评分的信度及感受。

针对研究问题（3），研究者抽取上海某高校2017年春季学期大学英语课某班级的一组议论文进行分项评分，在此之前这批作文已经由任课老师采用整体评分法进行评分。学生们在拿到整体评分法和分项评分法批改的作文后，按要求书面说明希望老师使用何种评分法以及原因。

3.3 统计方法

针对三种评分法各自信度问题，研究者借助SPSS 18.0计算组内相关系数。关于三种评分法之间的相关性，本研究作了Pearson相关性分析。最后，为探讨不同维度对整体分的贡献，研究者用了回归分析。

4. 结果与分析

4.1 三种评分方法的信度

研究者从三个方面讨论评分法的信度：每一种方法的评分员间信度、三种方法的两两相关性和不同维度对整体分的贡献。

4.1.1 不同评分法的评分员间一致性

第一、五维度分项法使用情况。三位评分员首先采用五维度分项评分法。表1显示评分员所给五个分项分以及组内相关系数。在作 SPSS 分析时，因为三位评分员是固定的，而学生是随机选定，研究者选用了双向混合模型；类型方面选定的是绝对一致，以防某个评分员的评分保持偏高或偏低。

表1　基于五维度分项评分法的作文得分及评分员间一致性

	内容 30（标准差）	结构 20（标准差）	词汇 20（标准差）	语言 25（标准差）	写作规范 5（标准差）	总分 100（标准差）
评分员 X	22.6667 (2.53708)	14.9667 (1.54213)	14.5333 (1.83328)	17.3 (3.33374)	3.8667 (0.43417)	73.3333 (7.91042)
评分员 Y	27 (0)	16.4667 (1.38298)	15.4 (1.75381)	18.6667 (3.32528)	3.9333 (0.63968)	81.4667 (5.61238)
评分员 Z	22.9333 (1.94641)	15.1667 (1.41624)	14.9333 (1.36289)	16.1333 (2.54251)	3.9 (0.66176)	73.0667 (6.48039)
组内相关系数（显著性）	0.271 (0.004)	0.644 (0.000)	0.710 (0.000)	0.750 (0.000)	0.733 (0.000)	0.702 (0.000)

表1汇报的是组内相关系数的平均测量。结果显示，三位评分员在内容方面的相关性最低，仅为 0.271。主要原因是评分员 Y 打分出现异常，她对 30 篇作文的内容分都给了 27 分，所以标准差为 0；评分员 X 与 Z 的给分比较接近。在其他几个维度上三位评分员显示出了较高的一致性，特别是语言、写作规范以及词汇，都在0.7 以上，分别是 0.750、0.733 和 0.710，结构维度的一致性为 0.644。最后五维度评分法所得总分的相关性为 0.702，显示较好的信度。考虑到写作规范涉及拼写、标点符号等方面，可以宽泛地理解为语言，因此可以说三位评分员对语言的把握有较好的一致性。

第二、整体评分法情况。在完成五维度分项评分 10 天后，三位评分员就 30 篇限时作文进行第二轮打分，这次采用大学英语四六级的整体评分法，也是他们最熟悉的评分法。

表2　基于整体评分法的作文得分及评分员间一致性

	作文得分（标准差）	组内相关系数（显著性）
评分员 X	10.2（1.83171）	
评分员 Y	9.63（1.24522）	0.86（0.000）
评分员 Z	9.07（1.17248）	

从表2可以看出，三位评分员在采用15分制的整体评分法时有很高的一致性，达到0.86，结果具有统计显著性。

第三、三维度分项评分法情况。在完成整体式评分10天后，三位评分员做第三轮打分，即三维度的评分，考察作文的内容、结构和语言三个方面，每部分满分10分，总分30分。

表3　基于三维度分项评分法的作文得分及评分员相关性

	内容 10（标准差）	结构 10（标准差）	语言 10（标准差）	总分 30（标准差）
评分员 X	7.5667（0.97143）	7.7（0.95231）	7.0333（1.51960）	22.3（2.80578）
评分员 Y	8.0667（0.86834）	7.9（0.80301）	7.1667（1.51050）	23.1333（2.66178）
评分员 Z	7.7（0.74971）	7.7333（0.73968）	6.9667（0.96431）	22.4（2.04434）
组内相关系数（显著性）	0.733（0.000）	0.731（0.000）	0.853（0.000）	0.858（0.000）

如表3所示，三维度分项评分法的信度，即评分员间的一致性，仍然保持高水平，其中总分的一致性高达0.858，与整体印象分评分方式（0.86）不相上下。各个分项的信度也比较高，从最高到最低依次为语言（0.853）、内容（0.733）和结构（0.731）。

不难看出，三种评分方式均有较高的信度，最高的是整体评分法，三维度评分法的信度与之不相上下，仅是略低。不管用什么方法，评分员间信度都在0.8以上，高于大部分国内同类研究：孙海洋和韩宝成（2013）的整体评分和分项评分的一致性分别是0.52和0.77；李清华（2014）研究中整体评分和分项评分的信度分别是0.673和0.748。但姚琴宜等（2008）的研究得到的三维度评分信度高达0.981，高于本研究，而整体式评分的信度比本研究低，为0.741。造成这些差异的主要原因很可能与评分员有关。本研究只涉及三位评分员，且背景相似，研究进行时他们的平均教龄为16年，均有丰富的作文批改经验。写作是他们每学期大学英语课程的重点之一，学生必须完成两篇作文，各两稿，作业基本都由老师批改，一学期的批改量达数百篇，多采用整体法。此外，三位评分员还负责每学期期末考试写作部分的评分，每次批阅近150篇作文，同样采用整体评分法。可以说如此大量的作文批改使他们对作文的把握比较准确，一致性较高。即便有两位老师是第一次使用分项评分法，且没有任何培训，也能有很高的信度。

相反，姚琴宜等（2008）研究中的六位评分员虽然平均教龄有14年，但是四位评分员的年龄在40岁以下，其中两位在30岁以下。而且他们的教育背景也有较大差异：两位学士、三位硕士和一位博士。李清华（2014）研究中的评分员平均高校教龄八年，平均从事写作教学的年限接近三年，不满三年的评分员占多数（61%）。经验不是特别丰富的评分员很可能对作文整体质量把握不足，因此在使用整体式评分时一致性相对较低。孙海洋和韩宝成（2013）的研究则没有对评分员背景给出任何说明。

4.1.2 三种不同评分法的相关性

研究者对评分法作了两两相关分析，结果如表4所示。

表4　三种评分方法的两两相关性

	整体式	五维度评分	三维度评分
整体式	1	0.824（0.000）	0.817（0.000）
五维度评分	0.824（0.000）	1	0.799（0.000）
三维度评分	0.817（0.000）	0.799（0.000）	1

Zhang et al.（2015）认为，如果采用分项评分与整体评分批改同一篇作文，所给的分数可能存在很大差异，但本研究不同评分法之间的两两相关性都比较高，也就是说不管用哪种评分法，同一篇作文的得分相差并不大。整体评分法得分与分项评分的相关性也高于Hunter et al.（1996）的研究（0.69）。而国内三个同类研究都没有考察整体评分法得分与分项评分法的相关性。本研究这么高的一致性同样可以归功于三位评分员相似的教学背景和丰富的作文批改经验：不管是什么样的方法，他们对作文的把握基本一致。

4.1.3 不同维度对整体分的贡献

为探讨在整体评分时哪个维度的贡献最大，按照孙海洋和韩宝成（2013）的做法，研究者作了回归分析，因变量为整体评分法的得分，自变量为三维度评分法中内容、结构和语言三个分项分。结果如表5所示。

表5　多元回归方程模型结果

	回归系数	标准误差	t 值	显著性
常数	2.255	1.384	1.629	0.115
内容	−0.214	0.239	−0.895	0.379
结构	0.246	0.234	1.050	0.304
语言	1.011	0.123	8.2	0.000

多元回归方程 R^2 为 0.82，也就是说内容、结构、语言这三个自变量能够解释作文整体分总变异量的 82%。其中语言的贡献具有显著性，表明语言对整体印象分的预测力最大。这一结果与韩宝成和孙海洋（2013）相反，他们的研究发现内容维度对整体分预测最大，但与 Lee et al.（2008）一致，他们同样发现与语言相关的维度对整体分贡献更大。韩宝成和孙海洋（2013）对此的解释是外国评分员可能更看重语言而中国老师重内容，这一说法得到了 Shi（2001）的支持。在对中国评分员以及英语母语评分员的对比研究中，她发现两组评分员所给的整体印象分没有显著差异，但中国老师判分时关注的第一标准是内容和结构。

就本研究而言，语言分对整体分贡献最大是有原因的。这批作文出自大二第二学期期末考试，即学生完成四学期大学英语课程后的考试。经过两年的训练，学生已经基本掌握结构方面的要求；就内容而言，该写作任务的话题对学生来说比较熟悉，有东西可以写，因此内容方面的得分也没有太大差异。一位评分员在描述五维度分项评分的使用体验时写道，"学生在内容和结构两个维度上做得都很好"。而语言的提高是长期的工程，学生在这方面的差异最大也可以理解，三位评分员所给语言分也证明了这一点。在表 3 中，三位评分员所给的语言分都低于内容、结构分，而且语言分的标准差最大。

4.2　评分员对三种评分方法的评价

针对五维度分项评分法，三位评分员给出的唯一的正面评价是"在平时作业批改中更有用，因为可以提供一些诊断信息"。负面评价包括上文综述中提到的几点："耗时"；"评分员失去了文章的整体感"；"不适合用于大规模考试的评分"。评分员另外提到的一些问题与五个维度的设计有关："五维度评分标准过于繁琐，要确定每一维度的分数需要仔细研读标准，结果往往是评分员不记得读过的内容，造成需要反复阅读作文"；"很难说这五个维度是互相排斥的"；"每个维度包含几个 bands，每个 band 有几分的跨度，这样很难确定一个分数"；"语言和词汇这两个维度可以合并成一个，因为都与语言能力有关"；"学生在内容和结构两个维度上做得都很好，因此两个维度的区分度很低"；"内容和结构维度区分不清，结构维度中的'展开不充分（limited support）'应该属于内容"；"词汇维度中的'语义模糊（meaning obscured）'的判断可能取决于评分员和写作者的母语背景"。

针对整体式评分法，评分员的积极评价也是文献中所提到的"采用整体评分法时的阅读更接近自然的阅读"。其他积极评价包括："这是最熟悉的评分标准，所以评分几乎毫不费力"。但另外一些积极评价反映出评分员的个人解读和理解："整体式评分让评分员对学生的写作水平有更精确的把握"；"相较于内容和组织结构，整体式评分更看重的是语言。"对整体式评分法的负面评价涉及评分标准的解读："写作内容仅仅体现在'切题'这一点上，显然不够"；"如何理解'表达思想清楚'？"；"评分标准里没有体现连贯性以及段落结构的要求"；"语言方面只是强调错误数量似乎过于偏颇，如果没有错误但用词和句式过于简单呢？"。

针对三维度分项评分法，有两位评分员提到三维度分项评分法"适合提供一些诊断信息"。其他积极的方面体现在与五维度分项评分的对比，"与五维度分项评分法相比，这个操作更简单，并且三个维度是互相排斥的"；"与五维度分项评分法相比有更好的区分度"；"三个维度更便于评分员记住维度的种类以及每个维度的band"。也有一位评分员表示"这三个维度反映了大学英语写作的目标"。对于其问题，主要是"给结构和内容打分影响对语言的关注"；而且该方法"更容易让学生得高分，因为学生的作文可能内容和结构都不错但语言很差，这在整体印象评分法中是不可能获得高分的"。

从三位评分员的评分体验中可以看出他们对五维度评分法（Jacobs et al. 1981）的评价最低。五维度评分法维度多、每个维度的分值不同、每个维度下不同等级的分值也没有规律可循，确实会给评分员带来较大的认知负担，导致评分的低效。Zhang et al.（2015）就曾指出，几乎不可能让一个评分员同时记住超过三个以上的特征（评分维度）。三位评分员对三维度评分法和整体式评分均有较好的评价，但也指出了一些问题。李清华（2014）调查也显示，整体评分法和分项评分法各有明显的优势和劣势，但赞同分项评分法优点的评分员占比最大，而这很可能是因为他的研究中评分员教龄较短且评阅作文的经验不足，因此需要更细化的评分标准加以指导。

4.3 学生对不同评分方法的评价

本研究的参试学生中，共有29位学生作出评价，其中10位表示更接受整体印象分，占34.5%。其中一半学生认为作文应该是一个整体的感受，应该有大局观。其他支持整体式评分的理由包括：整体印象分更加直观方便、与期末考试的评分标准一致，因此更有参考价值。还有学生指出了分项评分法的问题：它使作文失去了整体的美感、分项分的不同部分的意义不明确、每个分项对于作文的意义难以把握。

有18位学生更倾向分项评分法。其中13人（72%）认为该评分法有助于自己更好地了解优势和不足，使修改更有针对性。两人觉得这样的评分机制更为透明，可以减少老师给分的随意性。其他的意见包括：分项式评分更客观、标准更统一；可以从不同角度评估学生的作文，不会整体肯定或否定学生的文章，更精准地找到学生需要提高的地方；可以给学生更多细节性的信息。

另外有一位学生的态度更为折中，认为对英语文章作评价时，人们注意到的是整体部分，整篇文章是否清晰地表达了思想，整体式评分适合高水平的学生；但是分项评分能让写作者更清楚知道自己的优势和劣势。

从学生的描述中我们可以看出他们对整体式和分项式这两种评分法各自的优势和不足有比较准确的把握，多数希望教师采用分项评分法，因为它提供更多信息，更有利于学生修改作文。

5. 结语

本研究对整体评分法和分项式评分法进行对比，探究其信度以及教师和学生对不同评分法的感受，发现信度最高的是整体评分法，与位居第二的三维度分项评分法相差无几。这说明对有经验的评分员而言，效率更高的整体评分法同样可以获得很好的信度。本研究还发现整体式和分项式评分法的相关性很高，使用不同方法批改作文并不会造成很大的成绩差异。对学生的调查发现他们大多希望获得分项评分，因为这能帮助他们了解作文的具体不足，从而作出更有针对性的修改。这说明如果教师采用整体式评分的同时，还需要辅以详细的文字反馈，说明内容、结构和语言上存在的问题，方便学生对作文进行修改。

　　本研究也存在一些不足。首先，每两次评分之间间隔十天可能太短，不一定可以完全排除记忆的影响。其次，三位评分员在整体式评分上有丰富的经验，但其中两位从未接触过分项评分，如果对他们进行培训，可能会有不同的结果。

参考文献

Bacha, N. 2001. Writing evaluation: What can analytic versus holistic essay scoring tell us? [J]. *System* 29(3): 371-383.

Barkaoui, K. 2007. Rating scale impact on EFL essay marking: A mixed-method study [J]. *Assessing Writing* 12(2): 86-107.

Cooper, C. R. 1977. Holistic evaluation of writing [A]. In C. K. Cooper & L. Odell (eds.). *Evaluating Writing: Describing, Measuring, Judging* [C]. Urbana, IL: National Council of Teachers of English. 3-32.

Ghalib, T. K. & A. A. Al-Hattami. 2015. Holistic versus analytic evaluation of EFL writing: A case study [J]. *English Language Teaching* 8(7): 225-236.

Hamp-Lyons, L. 1991. Scoring procedures for ESL contexts [A]. In L. Hamp-Lyons (ed.). *Assessing Second Language Writing in Academic Contexts* [C]. Norwood, NJ: Ablex. 241–276.

Hamp-Lyons, L. 2016a. Farewell to holistic scoring? [J]. *Assessing Writing* 27: A1-A2.

Hamp-Lyons, L. 2016b. Farewell to holistic scoring? Part Two: Why build a house with only one brick? [J]. *Assessing Writing* 29: A1-A5.

Hunter, D. M., R. M. Jones & B. S. Randhawa. 1996. The use of holistic versus analytic scoring for large-scale assessment of writing [J]. *The Canadian Journal of Program Evaluation* 11(2): 61-85.

Jacobs, H. L., S. A. Zingraf, D. R. Wormuth, V. F. Hartfiel & J. B. Hughey. 1981. *Testing ESL Composition: A Practical Approach* [M]. Rowley, MA: Newbury House.

Lee, Y-W., C. Gentile & R. Kantor. 2008. Analytic scoring of TOEFL CBT essays: Scores from humans and E-raters [R]. *TOEFL Research Report RR-08- 01*. Princeton, NJ: ETS.

Nakamura, Y. 2004. A comparison of holistic and analytic scoring methods in the assessment of writing [OL]. https://jalt.org/pansig/2004/HTML/Nakamura.htm (accessed 10/9/2020).

Schaefer, E. 2008. Rater bias patterns in an EFL writing assessment [J]. *Language Testing* 25(4): 463-492.

Shi, L. 2001. Native- and nonnative-speaking EFL teachers' evaluation of Chinese students' English writing [J]. *Language Testing* 18(3): 303-325.

Vacc, N. N. 1989. Writing evaluation: Examining four teachers' holistic and analytic scores [J]. *The*

Elementary School Journal 90(1): 87–95.

Weigle, S. C. 2002. *Assessing Writing* [M]. Cambridge: Cambridge University Press.

Zhang, B., Y. Xiao & J. Luo. 2015. Rater reliability and some discrepancy under holistic and analytic scoring of second language writing [J]. *Language Testing in Asia* 5(1): 1-9.

李清华，2014，TEM4写作分项式评分标准与整体式评分标准对比研究[J]，《外语测试与研究》（3）：11-20。

姚琴宜、祁宗海、席仲恩，2008，作文整体评分与分项评分结果的质量比对[J]，《外语研究》（5）：66-71。

孙海洋、韩宝成，2013，英语写作分项评分和整体评分比较研究[J]，《解放军外国语学院学报》11（6）：48-54。

席仲恩，2006，《语言测试分数的导出、报道和解释》[M]。成都：四川大学出版社。

作者简介：

纪小凌，上海交通大学外国语学院副教授，博士。主要研究领域：二语写作、英语测试、二语习得。电子邮箱：xlji@sjtu.edu.cn

大学英语写作互评培训效果混合方法研究 *

丁煜

华中科技大学

提要：培训是有效实施同伴评价的关键。在已有研究中，同伴评价培训多在写作课程教学中实施，教师有较充分的时间进行写作训练和互评培训。然而，在大学英语教学中，写作教学时间有限，无法实施充分的写作训练和互评培训。针对这种情况，本研究设计了两套简单的培训方案，通过混合方法研究，探索这两种培训模式对学习者评价能力与评价表现的影响。量化分析显示两套方案都能提高学习者识别写作问题的能力及对写作内容和结构的关注，而培训方案中的互评步骤培训能增加建议类评语。质性分析发现互评培训效果除与互评培训相关外，还受写作教学和教师倾向的影响。

关键词：互评培训；评价能力；评价表现；英语写作；大学英语

1. 前言

随着合作学习、自主学习、社会认知理论、交互理论、过程写作法等理论与实践的深入人心，同伴评价在写作教学中也得到了日益广泛的应用（Lockhart & Ng 1995；Yu & Lee 2016）。同伴评价能有效帮助写作者改进作文质量，提升评阅者写作能力（Lundstrom & Baker 2009）和提出恰当的意见与建议的能力（刘兴华、纪小凌 2018）。不可否认，想让同伴互评真正有效，培训是必不可少的（Liou & Peng 2009；Min 2005；Rahimi 2013；Van Steendam et al. 2010）。

在已有研究中，同伴互评多在写作课堂中进行，教师有较充分的时间进行写作训练和互评培训，同时，教师本身也投入了较多的时间和精力进行同伴评价的反馈。大学通用英语课程要培养学生的听说读写译技能，同时还要教授词汇、语法、篇章等知识（教育部高等学校大学外语教学指导委员会 2020），在有限的课堂时间内，教师没有太多时间进行写作互评培训和反馈。因此，本文尝试探索在课堂时间和教师精力有限的情况下，能否在大学英语写作教学中采用同伴互评的方法，如何进行有效的培训。

2. 文献综述

2.1 同伴互评培训的策略与方法

为了让学生积极主动地参与评价活动，并给出有效的评价，教师需要从多方面对学生进行培训。Berg（1999）提出了同伴反馈培训的十一条原则，并针对每一条

---

* 本研究为华中科技大学教学研究项目"英语写作互评培训的设计与研究"（项目编号：2018120）及国家社科基金一般项目"中国学生英语词汇语义网络动态模型构建及应用研究"(项目编号：18BYY214)的部分研究成果。

给出了相应的活动建议。Rollinson（2005）将培训分为前期培训（pre-training）和干预培训（intervention training），并列举了相关活动。Hansen 和 Liu（2005）将培训分为评前、评中、评后三类活动，后来又将其分为情感、认知、社会文化和语言四方面的指导原则（Liu & Hansen 2018）。

表1　同伴互评培训策略与方法

	评前	评中与评后
Berg（1999）	• 在学生之间建立信任。 • 确定同伴反馈在写作过程中的地位。 • 强调不管是专业作家还是学生写作者都需要同伴反馈。 • 用自己的例子来示范同伴反馈过程。 • 全班一起进行一次同伴反馈活动。 • 进行反馈中的用词、表达、礼貌的培训。 • 让学生熟悉同伴反馈表。 • 让学生合作写作。	• 答疑。 • 指导学生进行修改。 • 学习同伴反馈的例子。
Rollinson（2005）	• 提高学生的反馈意识。 • 全班讨论同伴反馈的目的和反馈者应扮演的角色。 • 示范与练习。 • 分小组练习。 • 讨论如何进行有效的修改。	• 教师针对反馈或修改过程中的问题给予学生反馈，帮助学生改进他们的反馈技能或修改技能。
Hansen & Liu（2005）	• 规划在哪一阶段使用同伴评价。 • 决定在哪一阶段加入教师评价。 • 与学生讨论他们以前的同伴评价和小组活动的经历。 • 创造良好的氛围，建立信任。 • 选择同伴评价的模式，如口头、书面、计算机媒介。 • 针对不同类型的任务，制定不同的评价标准。 • 示范同伴评价过程。 • 给学生足够多的时间让他们熟悉同伴评价过程。 • 让学生自己分组并制定小组规则。 • 给学生提供反馈所需的语言策略支持。 • 教学生如何问问题。 • 进行模拟同伴评价。	• 鼓励学生就各条评语进行意义的协商。 • 监管各组进度。 • 让学生将所有的评语列在一张纸上，然后说明他们是否会根据这些评语进行修改，为什么。 • 将同伴评价与其他课堂活动联系起来。 • 阅读作文终稿，看看自己的评语怎样帮助同伴改进，这样可以强化同伴评价的价值。 • 反思同伴评价活动，看看哪些步骤是有效的，哪些步骤需要改进。

（待续）

（续表）

	评前	评中与评后
共同点	• 提高学生的反馈意识。 • 在学生之间建立信任。 • 让学生熟悉同伴反馈表。 • 示范与练习，包括分小组练习。 • 给学生提供反馈所需要的语言策略支持。	• 答疑与反馈。

　　表1列举了几位研究者提出的培训原则与方法，通过比较，可以发现许多相似之处。在学生开始互评前，教师要在学生之间建立信任感，提高学生的反馈意识，并通过示范和练习帮助学生熟悉反馈活动的规则、评价标准、反馈模式、反馈步骤和有效反馈策略（包括合作技巧、礼貌用语等）。开始互评后，教师要及时答疑，指导并帮助学生反思评价活动。评后反馈指导比较个性化，需要教师付出很多精力，但这样的干预是非常有益的（Rollinson 2005）。

2.2 同伴互评培训的实践与研究

　　同伴培训活动非常多，并且每一种活动都有益处，但教师在实际教学中囿于时间与精力不可能一一实施。在同伴互评研究中，部分研究只进行评价标准培训（高瑛等 2018；高瑛等 2019；杨丽娟等 2013；曾永红、梁玥 2017）；部分研究除讲解标准外，还有激发学生热情、示范、练习、讨论、答疑、个别反馈等过程（Hu 2005；Min 2005，2016；Zhao 2014；邓鹏鸣、岑粤 2010；刘兴华、纪小凌 2018；张军、程晓龙 2018）。总的看来，在实践中同伴互评培训的差异比较大，但都取得了一定的效果。

　　目前同伴互评中最常用的培训是评价标准培训。评价标准可以给学生提供评价思路，使学生在评价时有据可依，尽量给出有效的评价。评价标准既可以通过量表（Hansen & Liu 2005；Yang et al. 2006）呈现，也可以通过问题（Hu 2005；Lockhart & Ng 1995；Min 2005）引出，一般要求学生从内容、组织、词汇、语言、技术性细节等方面进行评价（Hu 2005；Yang et al. 2006；曾永红、梁玥 2017；张军、程晓龙 2018）。教师也可以根据教学目的和写作要求，制定不同的评价标准，如要求学生从任务完成情况、主要观点、语法与规范等角度评价（高瑛等 2019），或者从引言、正文、总结和APA写作规范四个维度进行评价（高瑛等 2018），或者根据写作体裁的不同对某方面进行重点培训（Zhao 2014）。

　　除评价标准培训外，许多研究都提到了示范和练习。有的研究详细说明了教师示范的方法和步骤（Min 2005，2016；Zhao 2014），有的只是简单说明，如通过有声思维法或教师演示等示范（Yang et al. 2006；柴改英、徐丽月 2014；刘兴华、纪小凌 2018；汪晓凤等 2018）。练习形式有单独练习（Min 2005，2016；柴改英、徐丽月 2014）、合作练习（Van Steendam et al. 2010；孔文、李清华 2013；刘兴华、纪小凌 2018）和集体练习（Hu 2005）。

与讲解评分标准、课堂示范和练习等评前集体培训相比，评后反馈指导耗时耗力。在 Min（2005）的研究中，教师对学生进行一对一辅导，每次辅导半小时，帮助学生修改没有按要求给出的评价，以帮助他们作出更好的反馈。这种一对一的辅导在学生人数少时可行，但学生人数多时很难实现。另一种做法是给学生的反馈进行评估或打分（Hu 2005；Zhao 2014；柴改英、徐丽月 2014），这种方法在时间上相对灵活，但同样需要教师投入大量的时间。教师无法一一反馈时，可以进行全班讨论（Liou & Peng 2009）或小组讨论（Zhu 1995），或要求学生对同伴反馈进行回评（高瑛等 2019），或将个别反馈和集体反馈结合（Hu 2005）。

很多文献研究表明同伴互评是有效的，但互评培训和反馈很花时间。在详细汇报了培训时间的研究中，Van Steendam et al.（2010）共对学生进行六次培训，每次 35 分钟，总计 210 分钟。Min（2005）进行了一对一辅导，每次每人半小时；Min（2016）培训了 4.5 小时。在大学英语教学中，一般没有这么多课堂时间进行专门的互评培训，也不太可能给每个学生进行一对一辅导。能否设计时间投入较少而又有效的培训方式，将互评这种方式有机融入大学英语的写作教学中呢？

为了回答以上问题，本研究设计了两种培训方案，一套以评价标准和互评步骤培训为主，耗时 120 分钟；一套仅以评价标准培训为主，耗时 60 分钟。具体研究问题为：

（1）经过历时十二周的训练，两种培训模式会给学生评价能力（识别写作问题的能力）带来不同变化吗？

（2）经过历时十二周的训练，两种培训模式会给学生评价行为（评价关注点和评价步骤）带来不同变化吗？

3. 研究设计与方法

3.1 研究对象

本研究的参与者为华中地区某重点大学两个工科班级的大一学生。两个班（1 班和 2 班）人数分别为 26 人（男 15，女 11）、29 人（男 25，女 4）。两班学生的母语均为汉语，除两名学生外，其他学生学习英语时间都在十年以上。在大学入学后的新生英语分级考试中，两班客观部分成绩平均分分别为 53.6 和 53.0，独立样本 t 检验显示无显著差异（$p=0.82$）。在此之前，学生没有接受过专门的同伴互评培训。

3.2 写作教学设计

3.2.1 教学流程设计

此次研究在大一《综合英语》课程中进行，课程持续 14 周，每周两次课，每次课 90 分钟。由于《综合英语》课涵盖听说读写译教学，分配给写作的课堂时间比较有限，平均每周不超过 45 分钟。

面对刚经历过高考，注重语言多于内容，注重结果多于过程的学生，本研究采用过程写作教学法，实施多稿写作，同伴反馈与教师反馈相结合、个别反馈与集体反馈相结合，强调思想表达和写作内容。由于大学英语教师面对的学生多，工作量大，因此，在进行教学设计时，简化教师个别反馈环节。

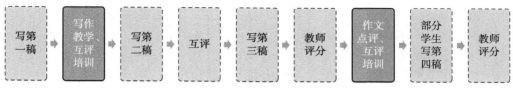

图1　写作教学流程

本研究所设计的写作教学流程如图1所示。图中实线框表示课堂实施环节，包括写作教学、互评培训和作文点评；虚线框表示课后实施环节，包括学生写作、互评、教师评分等。学生先写第一稿，然后接受写作教学和互评培训。将第一稿写作放在写作教学之前目的在于让学生更好地体会新旧写作知识与技能的差异，有获得感。接受了写作教学后，学生自行修改并提交第二稿，然后开始同伴互评。在同伴互评的基础上，再进行修改并提交第三稿。教师从任务完成、内容、组织、语言四方面对第三稿进行等级反馈，一般不写评语。完成评价后，教师在课堂对作文进行集体反馈，集体反馈包括共同评价学生作品、讲解作文中出现的问题、欣赏优秀习作等。第三稿没达到标准的同学再次修改直到达标，学生可以预约教师课间或课后面批。

从图1可以看出，每篇作文需要两次课堂时间，学生要写三至四稿并进行互评，整个过程需要四至五周时间，因此一个学期写两篇比较合适。由于学生没有接受过系统的写作训练，因此写作教学以段落写作为主。考虑到学生和阅读教材的特点，并综合以往写作教学经验，此次研究中第一次写作训练重点是段落结构以及比较与对比段落发展，作文主题是"高中与大学的一个区别"；第二次写作训练重点是举例法和句子技巧，作文主题是"我的一个优点"。

3.2.2　互评培训设计

同伴互评很难经过"一次性训练"即被学生掌握（Lockhart & Ng 1995），需要贯穿整个写作课程，在老师不断督促、指导下日臻形成习惯，提高互评质量（柴改英、徐丽月 2014）。本研究中的互评培训分布在平时的写作教学中，第一种培训方案选取了同伴互评中常用的培训：互评意识提升、评价标准讲解、互评步骤示范、互评练习、评后集体反馈。用于互评的课堂时间累计一学期约120分钟（不包括前后测40分钟，见表2）。第二套方案在第一套方案基础上进一步精简，只保留评价标准培训讲解、一次互评练习和评后集体反馈，用于互评的课堂时间累计一学期为60分钟（不包括前后测40分钟，见表2）。

表2　培训方案

	项目	方案1（分钟）	方案2（分钟）
评前	互评前测	20	20
	互评意识提升	20	无
	评价标准讲解	20（15+5）	20（15+5）
	互评步骤示范	20	无
评后	互评练习	40（20*2）	20（一次）
	评后集体反馈	20（10*2）	20（10*2）
	互评后测	20	20

　　互评意识培训采用了Berg（1999）建议的两个活动：（1）通过让学生分析书的致谢部分，让他们意识到无论是专业作家还是写作者都需要反馈，而反馈不一定来自能力高的写作者；（2）用教师自己的例子说明同伴反馈和修改是写作中常见并且重要的过程。

　　评价标准讲解是一个循序渐进的过程，评价中考虑的要素随着写作教学的推进而增加。本研究主要从任务完成、内容、组织和语言四方面评价段落写作。考虑到没有接受过培训的学习者在评改时主要关注表面错误而很少评价结构和内容（Van Steendam et al. 2010），第一次培训要求重点考察任务完成、段落内容和结构，而对语言不作特别要求。第二次评价全面考虑任务完成、内容、组织、语言等方面。

　　互评步骤采纳Min（2005）提出并证明有效的四步骤评价法，包括澄清写作目的、指出问题、解释说明、提出建议四步。Min（2005）的四步骤法给学生提供了一个清晰的框架，使评价者有明晰的思路，更容易写出有建设性的评语。指出问题和提出解决办法能提高文本修改率（高瑛等 2018），因此培训中重点强调指出问题和提出建议这两步。此外，由于互评不仅仅能帮助他人改进写作，也能学习他人写作优点，因此本研究中还加入了表达欣赏的步骤：澄清目的、表达欣赏、解释说明与建议。

　　以上三项培训在学生互评前进行，互评练习和教师评后反馈在学生互评结束后进行。互评练习采用学生先独立评价，然后结对或小组讨论，再集体评价的方式进行。教师在学生独立评价和讨论时巡回答疑。此外，教师根据对学生作文互评的抽查情况，对学生互评中好的现象和出现的问题进行集体反馈。

　　以上所描述的写作教学和互评培训流程比较复杂，虽然不需要教师进行详细的一对一反馈，但要求教师熟悉互评培训并进行教学管理。第一套方案在1班由研究者教师实施，第二套方案在2班由合作教师实施。

3.2.3 互评模式

　　本次研究借助微助教平台（www.teachermate.com.cn）进行网络匿名评议。微助教是平时上课使用的网络学习平台，使用方便，学生熟悉。

选择网络评价主要基于以下几点考虑：首先，基于计算机工作已经是常态工作方式，学生有必要去适应这种方式；其次微助教平台提交作业、分配互评操作方便，还能提醒学生做作业，教师也能随时查看学生的作业情况，采用网络评价方便教学管理；此外，网络评价方便收集研究数据。

3.3 混合方法与数据收集处理

为了更深入更全面地了解两种培训方法的有效性，本研究采用混合方法研究，将定性方法和定量方法相结合，为研究问题提供更多证据（克雷斯维尔、查克2017）。通过将定性数据编码、统计转换成定量数据进行处理，来了解整体情况；同时又通过分析定性数据获得更多解释。

3.3.1 数据来源

本研究收集的数据及来源为：

（1）学习者语言水平测试成绩。这一成绩来自学生入学时的分级考试成绩中的客观题成绩，用来确定两班在语言水平方面是否存在显著差异。

（2）学习者互评前测与后测文本，用于验证学生评价能力和行为是否有变化。前测在学生完成第一篇习作初稿，尚未接受任何反馈之前进行；后测在课程接近尾声，完成了所有写作教学任务之后进行。每次测试20分钟，在课堂上进行，在微助教的手机终端提交。互评测试材料都是比较与对比的一个段落，来自经过改编的以前学生作文，每一段落中都有内容、组织和语言问题。前后测的两个段落分别为122、124个词，其可读性Flesch-Kincaide指标分别为77.3和79.6，适合的年级分别为6和7，都属于难度小、容易懂的段落。

（3）两个班写作教学与互评情况，来自学生问卷和教师的讨论和访谈。问卷调查以实名形式于学期末在1班课堂进行，收到26份问卷，有效问卷26份。主要调查学生对各种写作活动的看法和学习效果。之所以采用实名问卷调查，是希望将学生的反馈与他们的写作与互评表现进行比对。教师讨论在每次培训前、培训后进行，主要是保证写作教学按计划进行并及时发现教学中的问题。对教师和学生的访谈在进行了初步的前测、后测、问卷数据分析之后进行。对教师的访谈为半结构化访谈，主要调查写作教学中的细节问题以及教师对同伴培训及互评的看法。学生访谈采取线上和线下多种形式进行，主要是追问问卷中的一些观点。

3.3.2 数据处理

数据处理从两方面进行：前后测成绩与学生评价行为。

互评前后测成绩：用于前后测的文本在主题句、支撑细节、一致性、比较和对比的组织方式、语法、词汇方面都存在问题，共六种类型。如果学生能指出某一类型的问题或提出正确的建议，就得一分，否则得零分。学生在每一方面最高得一分，即如果学生既指出了问题又给出了建议也只得一分。因此，前后测最高得分为6，最低为0。互评成绩代表学生识别写作问题的能力，即本研究中的评价能力。

评价行为：评价行为通过对学生前后测中给出的评语进行编码来衡量。编码根据评价标准和评价步骤确定，按评价对象（task，content，organization，language，general）和评价步骤（intention，problem/praise，explanation，suggestion）赋码。每条评语有两个码，如content problem表示指出内容上的问题。如果无法归入以上这些类别，则归入其他类。编码在NVivo 12中进行。对评语的编码反映了评价关注点和评价步骤，即本研究中的评价行为。

两项数据处理由研究者进行两次，间隔一个月以上。前后测成绩的评分者一致性Spearman系数为91.7%；学生评价行为的编码一致性Kappa系数为81.6%。不一致的地方由研究者进行三评决定最后得分或编码。

4. 结果

4.1 同伴评价能力

为了比较两个班经过培训后成绩是否有显著改变，对两个班进行了二因素混合设计方差分析。从两次成绩的描述性统计数据（表3）可以看出，两个班成绩相近，且后测成绩均高于前测成绩。主体内效应检验表明（见表4），经过12周，两个班成绩虽然有提高，但提高没有达到显著水平（$p=0.052$）。主体间效应的检验（见表5）表明，两个班之间没有显著差异（$p=0.805$）。

表3　评价能力前测与后测成绩

	班级	均值	标准偏差	N
前测成绩	1	1.69	0.788	26
	2	1.72	0.841	29
后测成绩	1	2	1.02	26
	2	2.07	1.163	29

注：*$p<0.05$

表4　主体内对比的检验

度量：MEASURE_1 源	time	III 型平方和	df	均方	F	Sig.
time	线性	2.919	1	2.919	3.962	0.052
time * Class	线性	0.009	1	0.009	0.013	0.91
误差（time）	线性	39.045	53	0.737		

注：*$p<0.05$

表5　主体间效应的检验

度量：**MEASURE_1**
转换的变量：平均值

源	III 型平方和	df	均方	F	Sig.
截距	384.07	1	384.07	338.424	0.000
Class	0.07	1	0.07	0.061	0.805
误差	60.149	53	1.135		

注：$*p<0.05$

4.2 同伴评价行为

评价行为包括关注点和评价步骤两方面。评语关注点指学生评语关注的是内容、组织、语言、还是任务完成；评价步骤指评语是询问写作意图、指出问题、表扬、解释、还是给出建议。

4.2.1 评语关注点的变化

从前测数据（见表6和表7）可以看出，两个班学生评论关注点没有显著差异，就语言发表的评价最多（均值分别为2.54、2.31），其次是内容（分别为1.5、1.48），对组织（分别为0.35、0.34）和任务完成情况（分别为0.08、0.21）关注不多，存在一些比较宽泛的评价（分别为0.38、0.48）。

经过12周的训练，两个班的学生在内容、组织方面的评论均有所增加。配对样本 t 检验表明，1班学生关于内容的评语增加没有显著性，但2班关于内容的评语增加显著（从1.48增至3.07，$p=0.000$），这也使得两个班内容评语条数差异显著；两个班在组织方面的评语都显著增加（分别从0.35、0.34增至1.04、1.34，p 值分别为0.001、0.005），但两个班之间差异不显著。在语言评价方面，1班学生语言评价略有增加（从2.54增至2.96，$p=0.408$），2班学生语言评价则减少（从2.31减至1.76，$p=0.314$），虽然两者变化都不显著，但因为是反向变化，因而造成了两组间差异显著。此外，两组在任务完成方面和宽泛的评语都减少了，并且2班宽泛评语减少具有显著性（从0.48减至0.1，$p=0.014$）。两个班评语总数都有增加（从4.85、4.83分别增至5.81、6.34），2班增加显著（$p=0.018$），但两个班之间差异不显著。

表6　前测评价关注点的均值比较

Class		Content-Pretest	Organization-Pretest	Language-Pretest	Task-Pretest	General-Pretest	TotalPre
1	均值	1.5	0.35	2.54	0.08	0.38	4.85
	标准差	1.364	0.745	1.794	0.272	0.852	2.222
2	均值	1.48	0.34	2.31	0.21	0.48	4.83
	标准差	1.479	0.721	1.984	0.412	0.785	2.361

（待续）

（续表）

Class		Content-Pretest	Organization-Pretest	Language-Pretest	Task-Pretest	General-Pretest	TotalPre
组间方差	F	0.002	0.000	0.198	1.858	0.198	0.001
比较	显著性	0.964	0.995	0.658	0.179	0.658	0.976

表7 后测评价关注点均值比较

Class		Content-Posttest	Organization-Posttest	Language-Posttest	Task-Posttest	General-Posttest	TotalPost
1	均值	1.62	1.04*	2.96	0.04	0.15	5.81
	标准差	2.137	1.311	2.144	0.196	0.464	2.546
2	均值	3.07*	1.34*	1.76	0.07	0.1*	6.34*
	标准差	1.557	1.289	1.64	0.258	0.31	2.224
组间方差	F	8.434	0.762	5.526	0.239	0.229	0.697
比较	显著性	0.005**	0.387	0.022**	0.627	0.635	0.407

* 注：后测与前测有显著差异　**1班和2班有显著差异

4.2.2 评价步骤的变化

按照 Min（2005）提出的四步骤法，将学生评语按澄清目的、问题（表扬）、解释、建议进行编码。从表8和表9可以看出，在前测时，两个班的学生都几乎没有澄清写作目的的步骤（均值分别为0.04和0），有一些表扬和解释步骤，且两班没有显著差异。然而，在指出问题和给出建议方面两班差异显著，2班的学生更喜欢指出问题（1班和2班均值分别为1.42、2.79，$p=0.000$），而1班的学生更喜欢给出建议（均值分别为1.73、1.079，$p=0.003$）。

经过12周的教学，1班在澄清目的、问题、建议三方面评语数目增加，并且澄清目的类评语和建议类评语增加具有显著性（p值分别为0.031、0.001），但解释和表扬两个步骤减少，其中表扬减少显著（$p=0.029$）。2班在表扬、指出问题、解释、建议方面评语数目都增加了，但与前测差异不显著。在后测中，两个班在指出问题、表扬和建议三方面差异显著。

表8 前测评价步骤的均值比较

Class		Intention-Pretest	Problem-Pretest	Praise-Pretest	Explanation-Pretest	Suggestion-Pretest
1	均值	0.04	1.42	0.38	1.04	1.73
	N	26	26	26	26	26

（待续）

（续表）

Class		Intention-Pretest	Problem-Pretest	Praise-Pretest	Explanation-Pretest	Suggestion-Pretest
2	标准差	0.196	0.902	0.637	1.076	1.079
	均值	0	2.79	0.38	0.72	0.76
	N	29	29	29	29	29
	标准差	0	1.264	0.622	0.96	1.244
组间方差	F	1.118	20.947	0.001	1.311	9.481
比较	显著性	0.295	0.000**	0.975	0.257	0.003**

表9　后测评价步骤的均值比较

Class		Intention-Posttest	Problem-Posttest	Praise-Posttest	Explanation-Posttest	Suggestion-Posttest
1	均值	0.27*	1.85	0.08	0.92	2.62*
	N	26	26	26	26	26
	标准差	0.452	1.317	0.272	0.935	1.098
2	均值	0	2.86	0.72	0.86	1.28
	N	29	29	29	29	29
	标准差	0	1.457	0.751	0.953	1.099
组间方差	F	10.296	7.292	17.254	0.057	20.388
比较	显著性	0.002**	0.009**	0.000**	0.812	0.000**

注：* 后测与前测有显著差异　**1班和2班有显著差异

5. 讨论

本研究旨在探求在教师时间和精力投入有限的条件下，通过少量的同伴互评培训提高学习者互评能力并改变行为模式的方法。从研究结果可以看出，两个班学生的评价能力和评价行为都发生了变化。

5.1 评价能力的提高：评价标准培训和写作教学的合力

两个班经过12周的写作教学和互评训练，评价能力都有提高，但还没有达到显著性（$p=0.052$）。语言技能的训练是一个长期的过程，经过更长时间的训练和练习，有望会有显著提高。

从后测分数可以看出，虽然1班接受的培训多，但在后测中的得分与2班并没有显著差异。由于前后测成绩体现的是学生找出写作问题的能力，这说明评价意识和评价步骤培训在本研究中对于提高学生识别问题的能力没有产生显著影响。

学生评价能力的提高是否是由评价标准培训、互评练习或教师反馈引起的呢？通过对学生反馈进行分析发现，不仅如此，另外一个重要因素是写作教学，它转变了学生的写作观念，促进了学生评价能力提高。在问卷调查中，学生反馈说，大学写作教学与高中的非常不同，改变了他们的写作观念。如有的学生说："我了解到了高中写作的不妥之处，学会了很多让文章更自然，更有条理，更有说服力的方法，也意识到了以前犯的很多错误。""比如说举例。以前我举的例子都是概括性的，但我误以为这已经足够具体，通过课堂讲解，同学互评我才意识到这个问题。""通过给他人的作文评价明确了写作时应该在哪些方面注意，通过他人的问题反思自己是否存在同样的问题，通过老师对写作技巧的讲解更清楚到底应该怎样做得更好。"

　　学生反馈表明，他们意识到英语写作不仅要写出正确的句子，而且要注重思想的表达、说理的充分性和文章的架构。在语言表达中，不能为了用"高级词汇"而用"高级词汇"，而要关注语言的适切性和简洁性。虽然这些要求都清楚地写在评价标准中，但学生认为自己是从写作教学、互评和教师反馈中逐渐认识到这些。也就是说，写作教学、互评、教师反馈共同促进学生内化评价标准。在今后的教学中，提供评价标准固然重要，更重要的是通过多种途径帮助学生内化标准。

5.2 评价行为变化

5.2.1 评价关注点改变：评价标准培训与教师倾向的影响

　　在前测中，两个班学生的评语关注点没有显著差异，都是最关注语言，其次是内容，对组织关注较少。经过培训后，两班关于组织的评语显著增加，但两班之间不存在显著差异。两班在内容和语言方面有显著差异。1班学生关于内容和语言的评语都有所增加，但增加不显著，关注最多的还是语言；而2班学生关于内容的评语显著增加，但关于语言的评语却减少了。

　　1班内容和组织类评语总体增加，这与同样采用步骤培训法的Min（2005）和Rahimi（2013）的研究结果一致。但2班只有评价标准培训，没有评价步骤培训，为什么变化更显著呢？教师访谈表明，造成差异的原因是教师本身。1班教师认为学生在写作中轻视内容和组织，因此有必要强调它们的重要性，但作为语言课，语言方面的问题也不容忽视，因此每次作文点评时会将三者放在同等重要的位置。在语言方面，除了语法正确性之外，还特别强调用词的准确性。也许是这个原因，在后测中1班在内容、组织、语言三方面的评语都增加了。

　　2班教师表示，她对内容与组织特别关注，为了纠正学生重语言轻内容与组织的问题，她在教学过程中一再强调内容与组织的重要性，并且特意选取语言好但内容结构不好的文章供同学们分析评价。在作文反馈时，对内容组织方面弱的作文会给出书面反馈，并且会当面与学生交流。在语言方面，2班教师视妨碍理解的程度进行适当评价。也许这导致2班学生对内容和组织的评价显著增加，而对语言的评价减少。

　　作文评价时，何时关注语言问题？关注什么语言问题？1班和2班教师的不同做法反映了不同的取向：有的教师认为同伴互评应该更注重内容与组织等宏观问题，而非语言和拼写等微观问题，微观问题应该留待宏观问题之后进行处理。有的认为对于二语写作者来说，可以后处理语言问题；但对于外语写作者来说，语言是写作的一个障碍，因此在互评时，要同时关注内容、组织和语言（Min 2005；Tigchelaar & Polio 2017）。在本研究中，1班和2班使用同样的评价标准，但却产生了不同的结果，这很可能与教师的观念相关。

5.2.2 评价步骤的改变：教师指令和互评步骤培训影响

在前测中，两个班存在一个较大的差别：1班学生问题类评语比2班少，但建议类评语比2班多。经过培训，两个班建议类评语的差距进一步加大。

由于两个班在前测的其他方面都非常相似，两个班的教师认为这一区别未必是班级本身区别，更可能是由教师的指令造成。1班教师在前测时，特别强调了前测指令中"发现问题请给出建议"这一点，而2班教师没有特别强调给出建议。

后测的差距加大可能来源于互评步骤的培训。1班的互评步骤培训中包括澄清写作目的、指出问题（表扬）、解释、建议四个步骤。培训时，教师允许学生适当省去某些步骤，但教师要求学生发现问题后不仅要指出，并尽量给出修改方法。特别是对于选词错误这类不可处理错误（untreatable error）（Ferris 2002），要求学生尽可能给出建议。这也许可以解释后测中1班的澄清写作目的和建议类评语显著增加，而解释类评语反而减少。

2班没有互评步骤的培训，主要是评价标准培训，重点在达标好坏，即找问题与优点，因此在后测中没有出现澄清写作目的类评语，表扬、问题、解释、建议方面评语数目有所增加，但与前测没有显著差异，即行为模式没有显著变化。

从两个班前后测对比可以发现，互评步骤培训可以改变学生评价的行为模式，增加建议类评语，从而更有效地促进作文修改。如果教师要求学生严格遵循四步骤评价，可以使评语更完善，但也可能会因为增加评价者负担而打击评价者积极性。如果没有时间进行培训，适当的指令（如1班前测中强调评价时要给出建议的指令）也可能会发挥意想不到的积极作用。因此，教师在实践中要灵活调整，优化评价过程。

6. 结论

本研究设计了对课堂时间和教师精力投入要求不高的两种简约互评培训，将其融入大学英语中的写作教学中，并选取了两个语言能力差不多的班级进行了对比，希望了解在真实的教学环境下简约互评培训是否可行。量化数据显示，经过12周的教学，学生在评价能力和评价表现方面都有进步，评价标准培训、互评练习和教师反馈三者结合的培训能提高学习者识别写作问题的能力，而评价步骤培训能改变评价行为，增加建议类评语。质性分析发现，互评培训必须与系统的写作教学结合，培训结果受教师倾向、互评培训内容影响。

本研究的培训模式不要求教师进行个别反馈，占用的课堂时间不多，但培训的内容不全面，没有进行合作方法、评价语言等方面的培训。本研究也并非实验研究，其结论的普遍意义还有待验证。感兴趣的教师和研究者可以在不同的教学条件下进行实践，以验证研究结论的可靠性；也可以选择有代表性的学习者，作深入的质性研究，探寻影响学习者学习有效性的因素，作出更合理的教学设计。

参考文献

Berg, E. C. 1999. Preparing ESL students for peer response [J]. *TESOL Journal* 8(2): 20-25.

Ferris, D. 2002. *Treatment of Error in Second Language Student Writing* [M]. Ann Arbor: The University of Michigan Press.

Hansen, J. G. & J. Liu. 2005. Guiding principles for effective peer response [J]. *ELT Journal* 59(1): 31-38.

Hu, G. 2005. Training Chinese ESL student writers for effective peer review [J]. *Asian Englishes* 8(2): 64-76.

Liou, H. C. & Z. Y. Peng. 2009. Training effects on computer-mediated peer review [J]. *System* 37(3): 514-525.

Liu, J. & J. G. Hansen. 2018. *Peer Response in Second Language Writing Classrooms* (2nd Ed.) [M]. Ann Arbor: University of Michigan Press.

Lockhart, C. & P. Ng. 1995. Analyzing talk in ESL peer response groups: Stances, functions, and content [J]. *Language Learning* 45(4): 605-655.

Lundstrom, K. & W. Baker. 2009. To give is better than to receive: The benefits of peer review to the reviewer's own writing [J]. *Journal of Second Language Writing* 18(1): 30-43.

Min, H. T. 2005. Training students to become successful peer reviewers [J]. *System* 33(2): 293-308.

Min, H. T. 2016. Effect of teacher modeling and feedback on EFL students' peer review skills in peer review training [J]. *Journal of Second Language Writing* 31: 43-57.

Rahimi, M. 2013. Is training student reviewers worth its while? A study of how training influences the quality of students' feedback and writing [J]. *Language Teaching Research* 17(1):67-89.

Rollinson, P. 2005. Using peer feedback in the ESL writing class [J]. *ELT Journal* 59(1): 23-30.

Tigchelaar, M. & C. Polio. 2017. Language-focused peer corrective feedback in second language writing [A]. In H. Nassaji & E. Kartchava (eds.). *Corrective Feedback in Second Language Teaching and Learning* [C]. New York: Routledge. 97-113.

Van Steendam, E., G. Rijlaarsdam, L. Sercu & H. Van den Bergh. 2010. The effect of instruction type and dyadic or individual emulation on the quality of higher-order feedback in EFL [J]. *Learning and Instruction* 20(4): 316–327.

Yang, M., R. Badger & Z. Yu. 2006. A comparative study of peer and teacher feedback in a Chinese EFL writing class [J]. *Journal of Second Language Writing* 15(3): 179-200.

Yu, S. & I. Lee. 2016. Peer feedback in second language writing (2005-2014) [J]. *Language Teaching* 49(4): 461-493.

Zhao, H. 2014. Investigating teacher-supported peer assessment for EFL writing [J]. *ELT Journal* 68(2): 155-168.

Zhu, W. 1995. Effects of training for peer response on students' comments and interaction [J]. *Written Communication* 12(4), 492-528.

柴改英、徐丽月，2014，英语写作同伴互评双螺旋模式[J]，《外国语文》（4）：137-143。

邓鹂鸣、岑粤，2010，同伴互评反馈机制对中国学生二语写作能力发展的功效研究[J]，《外语教学》（1）：59-63。

高瑛、汪溢、C. D. Schunn，2019，英语写作同伴反馈评语采纳及其影响因素研究[J]，《外语电化教学》（2）：17-24。

高瑛、张福慧、张绍杰、C. D. Schunn，2018，基于Peerceptiv互评系统的英语写作同伴反馈效果研究[J]，《外语电化教学》（2）：3-9+67。

教育部高等学校大学外语教学指导委员会，2020，《大学英语教学指南：2020版》[M]。北京：高等教育出版社。

孔文、李清华，2013，二语写作中的同伴反馈：对称性还是非对称性？——Piaget与Vygotsky观点之争[J]，《外语教学》34（4）：50-55。

刘兴华、纪小凌，2018，大学英语写作同伴评分的可行性和有效性研究[J]，《外语界》（5）：63-70。

汪晓凤、王琦、李智妍，2018，基于在线同伴互评的数字故事教学应用[J]，《电化教育研究》（2）：80-85+128。

杨丽娟、杨曼君、张阳，2013，我国英语写作教学三种反馈方式的对比研究[J]，《外语教学》34（3）：63-67。

约翰·W·克雷斯维尔、薇姬·L·查克，2017，《混合方法研究：设计与实施》[M]。游宇、陈福平译。重庆：重庆大学出版社。

曾永红、梁玥，2017，不同类型同伴互评对大学生英语写作的影响实证研究[J]，《外语研究》（4）：53-57。

张军、程晓龙，2018，"活动理论"视阈下中国英语学习者的同伴反馈策略实证研究[J]，《外语教学》（6）：57-63。

致谢：非常感谢贾彦艳老师的参与和合作。感谢匿名评审专家仔细审阅论文并提出非常有建设性的修改意见。

作者简介：

丁煜，华中科技大学外国语学院副教授，博士。主要研究领域：教育技术与英语教学。电子邮箱：dingyu@hust.edu.cn

《写作能力的终生发展》评介

岳颖

北京师范大学

Charles Bazerman, Arthur N. Applebee, Virginia W. Berninger, Deborah Brandt, Steve Graham, Jill V. Jeffery, Paul K. Matsuda, Sandra Murphy, Deborah W. Rowe, Mary Schleppegrell, Kristen C. Wilcox. 2018. *The Lifespan Development of Writing*. Urbana, IL: National Council of Teachers of English. X+398 pp. ISBN 978-0-8141-2816-9.

　　写作作为一种传递信息、表达情感和态度的修辞活动,早在我们信手涂鸦的孩童时期就已启蒙。虽然写作在学习、工作和生活中的应用广泛而深远,我们对写作能力在学校教育之前、之中与之后如何发展却知之甚少,目前还没有一个广为接受的理论能够有力支撑写作课程设置与评价。由美国英语教师委员会在2018年主编出版的专著《写作能力的终生发展》借力多学科视角,呈现了幼儿、青少年以及成年后不同时期的写作发展特点。该书汇集了 Charles Bazerman、Sandra Murphy、Mary Schleppegrell、Paul K. Matsuda 等知名学者的论文共八篇,此外还包括引言、理论基础和结论部分。该书对于母语和外语写作教学与研究均具有重要参考价值。

1. 内容简介

　　第一章"引言"指出,写作能力复杂、多维、发展缓慢的特性为我们提供了广阔的研究空间,作者和读者双方携带的意识形态、身份、经济和政治力量都参与意义建构,但学期制与学科划分使得研究者往往只聚焦于某个阶段的某个群体,不能将学习者过去和将来的经历纳入研究视野,容易导致认识碎片化。

　　第二章"理论基础"阐述了本书的核心理念——写作的终生发展模式,具有下述八项原则。由于本书作者来自不同领域,因此这一章可视为一份联合声明。

　　(1)语境驱动:写作能力的发展与生活情境息息相关。写作者在日常、学术和职业等语境中扮演着不同角色并逐渐形成立场和互文表征等意识与能力。

　　(2)复杂性:书面语篇中的社会实践是隐性的,写作者需要全面掌握语类规约及其蕴含的社会架构和运作机制从而实现个人、机构和社会等不同层面的修辞目的。

　　(3)个体化:写作者个体在家庭、社会和生理条件等诸多方面的差异决定了写作目的和形式等方面千差万别。

　　(4)社会制约:当代社会处于一定的历史发展阶段,它所提供的社会条件构成了写作者的生态,包括社会需求和科技水平等要素。

（5）资源重置：大多数与写作相关的能力和工具并非写作独有，需要经过调整才能在书写系统中使用。

（6）能力关联：写作能力与其他认知能力的发展是相互支撑的。

（7）师资建设：语言是人类制造意义最重要的符号资源，教育工作者需要了解语言在语篇中表征意义的不同方式以便全面理解写作的特性。

（8）课程设置：学校教育是读写能力发展的主要渠道，因此课程设置，尤其是跨地区背景下统一的能力发展范式尤为重要。

从第三章开始，本书展开了不同角度的讨论。第三章"儿童早期写作"的作者为范德堡大学的 Deborah W. Rowe。她首先介绍了关于儿童读写能力发展的两种视角——准备视角（readiness perspective）与萌发视角（emergent perspective），接下来描述了基于社会文化理论的研究设计，聚焦十名黑人儿童三年内在写作形式、布局、意图和内容方面的变化。横向分析表明，总体上儿童写作形式的规范化程度、书写布局的多维性、写作意图的清晰性和内容的一致性均与年龄呈正相关关系。纵向来看，儿童个体表现出不同的特征，有一些儿童的写作能力像跷跷板一样在复杂技能和简单技能之间反复，还有一些儿童的分项写作能力发展不同步。最后作者提出，写作发展模型应该是精细化的（nuanced）而非概括性的。

第四章"基于功能视角的写作语言特征"由 Mary Schleppegrell 与 Frances Christie 合著。两位作者分别来自密歇根大学和墨尔本大学，多年来致力于系统功能语言学的教学应用研究。本章从学习者个体发生和话语发生两个维度描写了儿童在学期间书面表达能力的发展过程，指出这是一个表意逐渐抽象化的过程。儿童的早期交流以口语和手势语为主，到了学龄阶段就从日常生活语域转换至教育语域。从学习拼写、语法再到传递信息和表达态度，写作实质上是一个从表达日常经验到表达知识的过程。儿童早期的语言特点是语法的一致式（congruent），即直观表意。当语法的非一致式（noncongruent）出现，语法隐喻增多，说明写作能力日臻成熟。儿童写作能力的进一步发展体现在能够根据语域选择恰当的表达方式。

第五章"写作内涵的多角度研究"由华盛顿大学的 Virginia W. Berninger、Kira Geselowitz 和 Peter Wallis 三位作者合作完成。第一项实证研究为期五年，通过对中小学生的写作态度进行主题编码进而概念化为元认知范畴，发现感觉与运动、注意与执行、社会与情感等功能都会影响写作发展。第二项实证研究以特殊群体为对象，比较了书面语学习障碍者与正常学生对计算机教学的接受度，发现良好的师生关系对学习障碍者的写作发展具有促进作用。本章强调了写作发展在时空维度的延续性，认为写作发展的内涵式研究需要从多角度进行。

第六章"青少年写作发展与能动性"的作者为纽约州立大学的 Kristen C. Wilcox 与荷兰莱顿大学的 Lill V. Jeffery。研究以访谈形式收集了分布在美国五个州的中学里四个不同年级的学生对自己的作者身份和写作经历的评价，另外还分析了母语高分写作者、母语低分写作者和二语写作者试卷样本中的情感表达语和认知表达语。结果表明，68% 的学生对学校写作经历有着积极评价，高年级表现尤为明显，但学生对于机械性的写作活动（例如记笔记）给出了负面评价。学生的写作感受与背景相关，母语高分写作者和写作机会多的学生自信心更强。本章指出，只关注通用型写作技能和写作知识的课程设计不能有效激发写作能动性。

第七章由加州大学戴维斯分校的 Sandra Murphy 与美国写作教师发展联盟的 Mary A. Smith 合作撰写，标题形象生动，借用了莫桑比克的一个谚语（The faraway stick cannot kill the nearby snake.）以突出主题"因人而异"。作者指出，操作层面的课程体系与官方所颁布的课程标准存在差异；课堂教学随着教学理论不断更替和变化，呈现出钟摆效应；中学课程体系中的语文教学被阅读垄断，写作任务缺乏创作元素和动机。针对这些问题，作者提出了三种课程设置路径并称之为"游戏规则的革新者"：第一种是给学生合作和参与社会实践的机会；第二种是运用现代技术写作；第三种是按学生的实际情况调整课程设置，教师应避免教条主义或者简单的拿来主义。最后，作者呼吁以学生为出发点的教育应该是建设师资，使教师成为作者、学者和领导者。

第八章"写作发展与终生发展：以职场为例"，作者为威斯康星 - 麦迪逊大学的 Deborah Brandt。本章从整体观视角探讨职业阶段的写作发展，聚焦人们的生活经历与写作能力之间的关系。终生发展的社会学与心理学研究既关注环境中的恒定因素也关注变化因素，对于研究者，这意味着不仅要考虑研究对象的年龄，更要考虑其生活经历。本章结合个案详细阐述了社会角色、历史阶段和个性特点三个因素对写作能力的影响。第一，美国当代的经济基础由制造业转型为服务业，写作已成为很多美国民众的劳动形式。工作职位决定了写作者接触的语类和读者是写作发展的推动力。职场中的等级、年龄、种族、性别等社会因素影响写作发展。第二，写作者所处的历史阶段或助推或限制写作机会。第三，作者借用发展心理学观点说明了写作个体与环境的互相作用。

第九章"共同体写作模式"的作者为亚利桑那州立大学的 Steve Graham。这一章提出了基于社会文化和认知的写作模式和促进写作发展的共同体机制。写作共同体指具有相似目标与理念并通过写作来实现目标的群体，其构成元素包括目的、工具、集体历史等。写作共同体可以是课堂与教室，也可以是职场。这一章描述了写作者与反馈者之间的互动过程，还描述了写作者与合作者在创作中共同调动的认知功能，如控制机制（注意力、短期记忆）、长期记忆（知识、信念）和创作机制（概念化、转化）。这里，写作者指创作个体或群体，合作者指提供指导与反馈的角色。

第十章"写作发展的追踪性研究"的作者是加州大学圣巴巴拉分校的 Charles Bazerman。本章属于文献回顾，首先梳理了追踪性研究在不同领域的应用，指出需要跟踪研究对象足够长的时间才能有效观察到个体间的早期差异以及后续变化。以往心理学研究表明，在方法上，追踪研究不应该寻求简单的发展模式，而应该寻找

结构型数据和引起变化的机制机理。在写作研究方面，作者认为由于一个人的写作
生涯与生活的方方面面交织在一起，从练习写作到成为写作者的过程漫长，这需要
我们避免标准化、横截面式的研究。追踪研究有利于我们对写作发展路径形成全面
系统的认识，也有助于我们了解写作者的个性化成长道路。

　　第十一章"发展型写作模式面临的问题"是本书的结论部分，画龙点睛，指出
写作的本质属性是一种社会行为，是个体对环境作出的回应。不论文化背景是否
相同，随着识文断字的开始，每个社会个体都将以多样化和个性化方式获得写作
能力。写作的本质属性还在于它是一个多变量的复合体，既与正规教育有关，也与
写作者的自发和自省行为有关。写作能力发展没有唯一标准，但关注写作发展的维
度、相关因素以及环境变量至关重要。

2. 简要评析

　　终生发展模式是本书最大的亮点。与其他写作研究不同，本书没有把研究对象
局限于学校教育和学习者，而是采用历时视角，循着自然人的生命轨迹，放眼学
前、学中和学后的发展变化，把生活经历作为写作发展的物质基础，纵向考察不同
年龄阶段写作经历之间的相关关系。本书研究对象的年龄跨度为2—52岁，第三章
聚焦2—6岁的学龄前儿童，第八章则以一位52岁公务员的实例开篇，探究不同职
业领域中的写作者。学前与学后这两个阶段是被大多数英语写作研究所忽略的群
体，本书将其纳入研究视野，不但体现了动态变化的写作模式，也体现了个体发
生的思维。

　　此外，本书在引领写作研究的多学科取向、语境取向以及社会取向三个方面的
贡献也可圈可点。首先，增强学科之间的穿透力、增加相关学科之间的辐射作用是
近年来研究领域的一种变革，研究者从不同角度探索同一个课题，有利于拓宽并深
化我们对现象世界的认知。写作与心理学、教育学、语言学、社会文化以及课程设
置等学科有着密切的学术渊源，本书邀请了来自不同学科与方法论阵营的学者，历
经四年时间成书，可谓一次鲜有的尝试，不但为学科共同体的形成发挥了示范作
用，还对写作丰富的内涵给予了切实关注。

　　其次，写作研究表明，任何脱离语境的教学都无助于学生提高写作水平。黄建
滨和于书林（2009）指出，我国英语写作研究的提升需要写作主体全面化、写作情
景化以及具体化。在宏观层面，社会结构中的政治、经济、历史等要素与教育有着
千丝万缕的联系；在微观层面，写作个体所在地区的社会和家庭背景也是影响因
素。本书提出的写作模式强调了写作能力与环境之间的建构关系。在全球化与国际
化背景中，英语在中国是一门主流外语课程，但在社会生活中并不广泛使用。目前
国内大部分的写作教学与研究都应用了西方理论，而这些理论基本上都根植于西方
语境，如何使这些理论与我国的实际情况对接是值得思考的议题。虽然本书内容基
于美国国情，但仍然能够给予我们很大的启发。

最后，本书将写作定义为"参与文字事件的社会实践"，凸显了写作的本质属性不但是一种交流媒介，更是一种社会个体与其他成员共同参与社会活动的方式。第八章用实例说明，如果写作被赋予社会意义与价值，能够服务于公众利益，那么它将更具吸引力，写作者也会获得巨大动力。我国的英语教育一直重视语言知识和基本技能的操练，外语教育研究倾向于关注学习的认知层面，在很大程度上忽略了情感层面（徐锦芬 2020）。对于写作本质的定位，决定了教学和研究的方方面面。目前，我国的大学与中学都普遍开设了英语写作课，但大部分的教学操作将之简化为一种技能和任务，这反映了工具化的理念，也大大降低了写作的真实性和写作者的能动性。从语言功能的角度看，很多师生对于写作的认识停留在语言的表达层面，还没有深入到意义层面。本书所倡导的理念对于写作教学与社会接轨以及提高写作者积极性具有启示。

与其说本书是一部写作研究著作，不如说它是一部关于写作研究思维与方法论的著作，引领我们从更宽广且真实的视角关注写作能力的特质。写作能力萌发于婴幼儿时期，其发展是一个持续渐进的过程。本书的出版有助于推动写作教学与研究的多维拓展并精确其社会定位。不足之处是，有些章节的研究还有待深入。

参考文献

黄建滨、于书林，2009，国内英语写作研究述评[J]，《中国外语》（30）：60-65。

徐锦芬，2020，外语教育研究新趋势：积极心理学视角[J]，《英语研究》（12）：155-164。

作者简介：

岳颖，北京师范大学外国语言文学学院副教授，博士。主要研究领域：英语教育、话语分析。电子邮箱：yueying@bnu.edu.cn

注释文献

二语写作书目（2020）

1. **管博，2020，《学术英语写作》[M]。上海：华东理工大学出版社。**
内容简介：

    本书根据学术论文各部分的特点和常见问题，将论文结构与学术英语写作技能、学术词汇、构式、语言基本功训练有机结合起来，有助于学生理解各种学术写作技能对论文写作的实际意义，并通过练习切实掌握技能，提高语言基本功和学术词汇及构式的实际运用能力。

    本书每章首先呈现论文节选和任务，便于教师通过课堂启发、比较等方法引导学生分析并发现论文各部分的结构特点和内容要求。此外，本书利用学术英语语料库研究的成果设计练习，以帮助学生了解和掌握论文各部分的常用构式。

2. **沈翠萍，2020，《二语写作自我监控研究》[M]。上海：上海远东出版社。**
内容简介：

    本书通过考察不同水平写作者的停顿和修改行为，深入探究写作者在文本产出过程中的行为特征所反映的自我监控现象。

    基于数据分析结果，本书构建了二语写作自我监控的两大理论模型：监控要素理论模型和监控方式理论模型。对二语写作自我监控的发生阶段、构成要素、对象层面和实施方式展开理论探讨，对比不同水平写作者自我监控的范围、对象及方式等方面的异同，并进一步分析了造成自我监控差异的原因。

3. **McIntosh, K.，C. Pelaez-Morales & T. Silva，2020，《师生共话：二语写作博士生的培养》[M]。北京：外语教学与研究出版社。**
内容简介：

    本书编者邀请了五位国际知名学者与其曾经指导过的博士研究生、如今也在业界有知名度的青年学者共同撰文。他们结合自己的学术经历，以"导师—博士研究生"对话的双视角，共同探讨二语写作研究领域的博士研究生如何更好地寻求学术和职业发展。

    本书为我国外语类研究生导师更好地思考人才培养问题奉上了一块"他山之石"，同时也为广大研究生同学提供了一本具有实践指导意义的读本。

4. **占小海，2020，《大学生英语写作书面反馈偏好研究》**[M]。武汉：武汉大学出版社。

内容简介：

本书基于最近发展区理论，探讨了中国大学生对于英语写作中教师书面反馈的偏好，并从个体差异的角度考察了学生个体因素和学生反馈偏好之间可能存在的关系。通过前期调查和小范围试点研究，确定性别、年级、自尊水平、自主信念、自主能力、英语学习动机强度和四级成绩为本研究所考察的个体因素，随后针对华中科技大学七校联合二学位 2014 和 2016 两个年级 558 名学生进行了调查研究。

结果显示，对于教师文中的六种书面纠错反馈形式，被试的偏好呈现出有显著差异的不同等级。同时，学生对文末评语中六个项目的重视程度也存在着显著不同。除此之外，从被试的整体状况来看，并没有某个个体因素直接和学生对教师文中六种形式书面纠错反馈的偏好显著相关，亦没有某个个体因素直接和学生对教师文末评语中六个项目的偏好显著相关。但某些特定群体中，在问卷的其他某些项目上有少量达到显著意义的相关。研究结果反映了学生对教师反馈的各种偏好，得出的结论和建议具有实际意义。

5. **张康，2020，《英文科技论文写作与发表》**[M]。北京：清华大学出版社。

内容简介：

本书详细讲解英文科技论文写作的方法和技巧、如何向期刊或国际会议投稿、如何提高命中率、如何根据评语修改论文、如何处理录用后的事宜。本书还列举中国作者典型的不当句型、语法错误及其纠正方法，分析被拒论文、被拒理由及相关评语，以提醒读者避免类似错误。

本书适合作为有英文科技论文写作与发表需求的科研工作者的参考书，也可作为本科生、研究生论文写作课程的教材。

6. **秦屹，2020，《研究生科技英语写作与交流教程》**[M]。武汉：武汉大学出版社。

内容简介：

本教程将科技英语的词法、句法、翻译与文体特征、语篇知识相结合，从字词的选择到单句写作，再到科技英语论文语篇写作，三位一体，深入浅出地剖析科技英语的特征及要素。教材旨在全面有效地提高研究生科技英语论文的写作和国际学术交流能力，使研究生能够借助英语开展有效的学术研究与国际交流，为研究生在专业知识获取、国际学术前沿成果借鉴、国际学术交流能力提升等方面提供更为有效的语言、阅读和写作保障。

7. 王晶晶，2020，《中国博士生学术英语写作元话语研究》[M]。北京：清华大学出版社。

内容简介：

　　本书基于元话语广义人际模式以及狭义反身模式，提出适用于学术论文写作语篇的元话语分类模式，即元语篇、信息引导式以及人际互动式元话语的三维分类模式。其中，每一维度都是一个层级体，体现元话语在篇章中的不同功能。基于此模式探究中国理工科博士生英语学术写作元话语的使用特征及其与相关领域英文期刊论文中元话语的使用差异。

8. 陶卓，2020，《中国高校德语硕士研究生学术语篇写作问题及对策》[M]。上海：同济大学出版社。

内容简介：

　　本书通过问卷、访谈和实证分析，以及对大纲、考纲和教学设置的梳理，总结了中国高校德语语言文学硕士研究生在德语科学语篇写作方面存在的13类大问题，合计44个小问题。本书研究了这些问题产生的原因，并在对德国大学采用的科学写作教学方案进行系统考查后，提出三条应策：（1）提高德语学术论文写作课的教学质量；（2）拓宽用于练习的德语科学文体的范围；（3）完善相关的考核体系。本书适合高校德语系教师以及研究生使用。

9. Kamler, B. & P. Thomson，2020，《如何指导博士生学术写作—给导师的教学法（第2版）》[M]。上海：上海交通大学出版社。

内容简介：

　　著者多年的经验和实证研究发现，博士生导师在指导博士生学术写作时缺乏讨论写作的恰当"语言"，这种语言的缺失导致双方在交流上的障碍。本书运用大量的比喻，深入浅出地开辟了一个讨论如何辅导博士生学术写作的有效空间。本书的读者对象主要为博士生导师，但对于博士生和初入学界的青年学者也是不错的参考书。

10. Bitchener, J., 2020，《应用语言学论文写作指导：实证研究报告的撰写》[M]。北京：外语教学与研究出版社。

内容简介：

　　本书系统指导了如何撰写实证性研究论文，全书共分为八章：绪论、论文摘要、论文引言、文献综述、研究方法、研究结果、结果讨论和结论。其中，每章采用了相同的结构撰写：所讲论文章节的功能；实现这些功能的步骤（以一篇论文作实例分析）；该章节需要注意的语言特征；撰写文章时的常见问题等。本书可作为应用语言学硕士生和博士生论文写作课教材，或本领域及其他文科专业研究者撰写论文的指导，还可作为外语教师培训参考资料。

11. Applebee, A. N., J. A. Langer, K. C. Wilcox, M. Nachowitz, M. P. Mastroianni & C. Dawson，2020，《在各学科内培养写作能力》[M]。上海：上海教育出版社

内容简介：

本书围绕美国中学写作教学展开，呈现了美国各学科的写作教学现状、写作在课程内容中的地位、标准化考试对写作的影响，以及教学内容和教学方式所遵循的标准。首先，本书回顾了美国中学写作教学的历程，当下取得的成绩和面临的挑战。其次，呈现了当下的教学实践和各学科的成功写作案例，分享了很多成功的写作教学经验。一是语文、社会/历史、数学、科学四门核心课程的当前写作教学实践以及未来可作为示范的学校及课堂案例；二是技术在教学中的辅助作用、母语非英语的学生的写作教学以及针对贫困学生的写作教学这三个跨学科与跨年级问题。再次，本书展望了未来的写作教学，探讨了在各学科中如何培养学生的写作能力，提升学生的读写素养。

12. 潘鸣威、邹申、姜钢、刘建达、于涵，2020，《中国英语能力等级量表——写作能力量表研究》[M]。北京：高等教育出版社。

内容简介：

"中国英语能力等级量表"是国家重大科研项目，作为其成果，《中国英语能力等级量表》（语言文字规范 GF0018-2018）已于2018年2月正式发布，并于2018年6月1日起实施。"中国英语能力等级量表"可以作为中国英语教学与测试的能力框架参照，也可以作为中国英语学习者自我评测的一个工具。

13. 张方方，2020，《评估反馈与重写——葡萄牙语写作能力训练》[M]。北京：外语教学与研究出版社。

内容简介：

本书研究了通过评估、反馈与重写训练中国大学本科葡萄牙语学习者葡萄牙语写作能力的教学活动。该教学活动的研究，得益于作者接触到了巴西南大河州联邦大学对外葡萄牙语课程使用的教学法。这一教学法以"语言应用"理论和"言语体裁"理论为指导，突出语言的交际、语境、信息使用等特征，对葡萄牙语学习者掌握和运用语言很奏效。

书中谈及的学生写作前的一系列准备、老师和同学的写作评估实践、学生的重写活动、以言语体裁理论作为写作评估和重写的理论运用等，对于语言的教学，特别是葡萄牙语写作教学会有一定的启发和帮助。

14. 刘健、施志红，2020，《初中英语写作教学活动设计》[M]。上海：上海教育出版社。

内容简介：

本书以现代语言教学理论为指导，以课程标准为依据，依托上海初中主教材《英语（牛津上海版）》，以"教学活动设计"为切入口，直面并切实解决当前初中英语写作教学中的关键性问题，旨在改进初中英语写作教学，提高教师英语写作教学活动设计能力，提升初中学生的英语写作水平。本书共由六个章节组成：第一章概述；第二章写作微技能训练的活动设计；第三章结合教材的写作活动设计；第四章基于体裁的写作活动设计；第五章写作教学的过程性评价设计；第六章写作课堂教学设计案例。本书附录部分含30篇初中学生的英语习作与教师点评。

15. Newkirk, T., 2020，《所有的写作都是讲故事》[M]。上海：上海教育出版社。

内容简介：

美国中学纲领性文件《共同核心州立标准》颁布后，美国写作教学和考试开始重视说明性和推理性写作，也就是说明文、议论文和论述文三种主要文体写作。在提高对以上三种学术性写作要求的同时，记叙文则被贬低为小学低年级学生才需要学习和练习的文体，理由是记叙文写作的内容过于生活化，对于高年级学生今后的学业和工作帮助不大。

本书引用来自科学、药学、科技和数学领域的精彩文章作为例子，驳斥了《标准》给写作教学带来的误区。作者指出，读者之所以喜欢读这些学术文章，是因为每篇文章里都不乏情节、人物和细节，能够吸引读者注意力、打动读者、激发读者的想象力、引发读者的共鸣。作者进一步说明，讲故事是人类理解这个世界最初和最主要的方式，"否认叙述，就是否认人类的天性"。这本书对重新认识记叙，理解记叙文写作的价值，以及它在读写中的独特作用，提供了全新的认识角度和探索方向。

16. 高海燕，2020，《英文求职信写作对比修辞研究》[M]。杭州：浙江大学出版社。

内容简介：

本书旨在帮助中国英语学习者解决写作特定英语文体时可能遇到的困难，同时也为专门用途英语（外语）写作教学和研究提供方法论的参考和借鉴。本书以亚里士多德修辞体系为逻辑框架，以韩礼德功能语言学为参照，比较分析中国英语学习者与英语本族语者在英语求职信的内容要件、结构、语言及劝说策略使用上的异同。

17. Hyland, K., 2020，《学科身份：学术话语中的个体与共同体》[M]。北京：外语教学与研究出版社。

内容简介：

身份研究一直是应用语言学领域的重要议题。本书以学术语篇为载体，论述其作者如何在学术话语中构建学科身份，揭示身份与个体、共同体之间的关系。全书共九章。第一、二章分别综述身份和学科的概念与表征。第三章评述身份研究的主要方法，包括会话分析、批评话语分析和叙事分析，作者提出将语料库与身份研究相结合能弥补这三种研究方法的不足。第四至八章通过对表现类体裁、学术传记、学生写作、资深学者的学术文章和书评等学术体裁的分析，探究学术话语中学科身份的构建。第九章总结身份与学术话语的联系及其对学术写作的启示，点明语料库对身份研究的方法论意义，指出今后的研究方向。

18. 李亚男，2020，《英语阅读与写作教学研究》[M]。沈阳：辽海出版社。

内容简介：

本书从阅读与写作有机结合的角度论述英语教学中阅读教学与写作教学的相互渗透作用，以弥补现今初中英语读写教学的不足。在现有理论的基础上，充分吸收并借鉴新的教育理论与研究成果，并将英语教学理论与实践相结合，系统地介绍了初中英语课堂教学中阅读与写作的教学策略，探索了初中英语阅读与写作的教学方法与技巧。

二语写作文章（2020）

1. 梁忠庶、高瑛、解冰、贺文婧，2020，英语写作同伴互评焦虑及其对互评的影响研究[J]，《外语电化教学》（3）：41-46+67+7。

摘要：本研究采用自行编制的英语写作同伴互评焦虑量表对116名非英语专业大一学生的英语写作同伴互评焦虑水平进行测量，并考察其对基于Peerceptiv系统的同伴互评中文本修改提高率和反馈评语的影响。研究发现，学生整体互评焦虑处于中等水平，但互评焦虑对修改提高率和反馈评语没有显著影响。系统焦虑和成绩焦虑因子对修改提高率或反馈评语具有正向预测力，回避行为因子对反馈评语具有负向预测力，表明适当焦虑对互评有一定的积极作用。

2. 常畅、常海潮，2020，国内二语写作研究回顾与前景展望[J]，《外语电化教学》（3）：61-67+10。

摘要：文章以13种外语类核心期刊为数据来源，采用定量与定性相结合的研究方法，通过期刊选取、文献检索、编码构建、内容分析、成果整合等步骤，对2011—2019年间国内二语写作相关研究进行综述。研究结果显示：（1）论文数量呈现波动性增长，但在外语类核心期刊论文总量中占比相对较小；（2）研究内容涉及写作理论与教学等诸多方面，但缺乏系统性；（3）研究视角注重主、客位结合，但综合程度不够；（4）研究方法以实证研究为主，但研究写作结果取向有余，写作过程取向不足。文章指出，未来二语写作研究要注重内容系统化、视角多样化、范式动态化，加强现代教育技术与二语写作教学的融合。

3. 杨晨姣、高霞，2020，学术论文作者声音构建对比研究——以N that型式为例[J]，《外语电化教学》（4）：51-58+9。

摘要：作者声音构建是学术论文评价意义表达的有机构成。文章采用Sinclair的"声言"（averral）和"援引"（attribution）概念框架，基于BEIJING CARE语料库之材料学子库，分析N that型式在中西学者论文中的使用及其作者声音构建方式。研究发现，中西方学者均依赖第一人称代词、回指this等型式与"事实性/关系性名词+that从句"共现，表达积极的评价意义，构建声言；依赖被动结构与"事物名词+that从句"搭配构成援引。然而，两个作者群体的N that型式使用频数差异显著；中国学者的声言和援引远少于西方学者，揭示出两个群体构建声音策略的显著差异。该研究还讨论了学术英语教学中作者声音构建的途径和策略，对中国学者国际学术交流效益的提升有一定的启示。

4. **董连棋、李梅，2020，基于语料库的中国英语学习者写作评价资源特征研究** [J]，《外语电化教学》(5)：86-93+13。

摘要：该研究以评价系统为视角，以基于语料库的词块为切入点，探究了中国英语学习者英语议论文写作中的评价资源使用特征，以期呈现中国英语学习者的写作评价资源体系。研究发现，与英语本族语者相比，中国英语学习者总体存在对评价资源使用不足的倾向。中国英语学习者的介入资源落后于英语本族语者，但其态度和级差资源显著超过英语本族语者。此外，中国英语学习者在议论文"劝说"过程中过度依赖"直接态度实现"、"压缩"及"锐化"资源明示态度，压制语篇对话空间，强化自身话语态度等级。本研究揭示了中国英语学习者英语议论文语篇对话性不足、劝服力弱、说教程度高、读者接纳度低的典型特征。

5. **邓鹏鸣、周韵，2020，基于 CiteSpace 的国际学术语篇研究可视化分析** [J]，《外语教学》41 (1)：54-58。

摘要：本文基于 Web of Science 数据库，运用文献计量工具 CiteSpace 5.0 对 2007—2016 年间国际权威期刊所载学术语篇进行可视化分析，旨在说明学术语篇研究涉及的主要国家（地区）、发文机构、载文期刊、引文空间动态及核心研究领域等。可视化结果表明：国际学术语篇研究热点主要为体裁分析、二语学术写作与发表、学术英语写作教学等。鉴于目前国内相关研究多囿于学术论文，作者认为现有学术语篇研究范围有待拓展，尤其应增加有关硕、博士论文的体裁研究。此外，国际会议学术报告语篇研究尚不多见，学术语篇写作心理及社会认知研究有待加强。

6. **刘东虹、唐丽君，2020，英语母语者和中国英语学习者的语篇修辞性研究** [J]，《外语教学》41 (2)：71-75。

摘要：有些学者认为当前中国英语学习者和英语母语者在语篇修辞层面几乎没有差异，没有必要再进行语篇修辞方面的研究。本文针对这种观点，选用中国英语学习者和美国英语母语者议论文语料库中的电影语篇共 100 篇，从命题间修辞关系的视角考察两组语篇修辞关系的特点。研究发现，两组学生均大量使用"详述"和"联合"关系来发展语篇。但在语篇修辞性方面存在显著性差异，如中国学生在修辞关系总频数上超过美国学生；中国学生偏爱使用"评论"、"因果"、"对照"、"动机"等关系，而美国学生偏爱使用"比较"和"总结"关系。

7. **解冰、高瑛、贺文婧、梁忠庶，2020，英语写作同伴互评感知量表的编制与探索性应用** [J]，《外语教学》41 (3)：67-72。

摘要：同伴互评拓宽了英语写作教学研究视角，互评感知研究已成为同伴互评研究新方向。本研究通过文献分析，结合同伴互评过程，经过两轮试测，编制了英语写作同伴互评感知量表。探索性因子分析结果表明，同伴互评感知包括：保障机制感知、实施效果感知、反馈评语感知、互评信度感知、互评分组方式感知、不同反馈方式差异感知六个探索性因子，累积方差解释率66.2%。以某校英语专业一年级73名在线互评系统使用者为研究对象进行探索性应用研究，发现学生对英语写作同伴互评整体感知积极。检验性因子分析显示，量表拟合度较好，信效度均符合测量学指标要求，可为同伴互评感知研究提供有效测量工具。

8. **方强、王义娜、李银美，2020，中外语言学期刊英语标题介词比较研究** [J]，《**外语教学**》41（5）：43-48。

摘要：本文通过自建语料库对比国内外语言学期刊英语标题中介词的使用情况。研究发现，国内期刊标题中介词使用频率明显高于国际期刊，两类期刊标题中各高频介词语义分布及介词搭配项数量差异显著。汉语标题凸显研究过程，而英语标题凸显研究客体。国内外作者英语标题中介词使用差异是由英汉语言类型差异、英汉标题特征差异和不同期刊文章内容差异共同决定的。

9. **徐玉臣、苏蕊、剡璇、寇英，2020，基于语料库的英汉科技语篇中介入资源对比研究** [J]，《**外语教学**》41（6）：19-24。

摘要：本文以评价理论为基础，选取189篇理工科应用研究类英、汉学术论文为研究对象，对英、汉科技论文中介入资源进行质性比较，并从结构性和均衡性两个维度对介入资源在英、汉语篇中的综合分布模式和篇章分布模式做量化对比。研究发现，汉语语篇中的介入资源不如英语语篇中的同类评价资源丰富多样；英、汉语篇中介入资源综合分布模式的结构性大同小异，而均衡性存在差异；大部分种类的介入资源在英、汉语篇中的篇章分布模式存在差异，分布模式的结构性存在明显差异性倾向，均衡性亦存在差异。

10. **黄爱琼，2020，以反馈促学：构建基于写作任务的多重反馈模式** [J]，《**外语教学**》41（6）：67-71。

摘要：国内鲜有学者综合运用英语作文自动评价、教师和同伴反馈这三种方式为大学生英文作文词汇提供反馈，并进行实证比较研究。本研究基于过程写作理论、语言输出理论、动态评价理论和社会文化理论，立足当前我国英语写作教学现状，在"以反馈促学"原理基础上，结合英语写作教学实践，构建一个多重反馈的写作反馈模式，以期帮助培养大学生自主修改英语作文的意识，提高英语写作反馈效果和教学质量。

11. **张琳、秦婷，2020，读后续写对英语专业学生写作焦虑和写作能力的影响研究** [J]，《**外语教学**》41（6）：72-76。

摘要：本文基于英语写作教学实践研究了读后续写对英语专业学生写作焦虑及写作

能力的影响。64名英语专业学生参加实验，相关的测试、问卷和反思性日志数据表明，读后续写有助于降低学习者的写作焦虑，尤其能降低学习者的回避行为和构思焦虑，有利于培养学习者对英语写作的积极情感。此外，读后续写能促进学习者写作能力的提高，对学习者内化语言知识、理顺思路、发挥想象力创造写作内容有积极的促进作用。

12. 李文、郭建辉，中国高级英语学习者概念语法隐喻能力——基于中外博士论文的研究 [J]，《外语教学理论与实践》(1)：50-58。

摘要：概念语法隐喻是学术语篇的重要特征，也是语言学习者的学术读写能力之一。本文通过对比国内外博士论文中的13类概念语法隐喻，发现国内高级英语学习者总体具备较强的概念语法隐喻能力，但还存在名词化语法隐喻使用过多、部分类型使用不足、语法隐喻词汇多样性较低及隐喻转化错误或不完整等问题。概念语法隐喻能力是隐喻能力的重要部分，在教学中需突出非名词化语法隐喻的作用并提升概念语法隐喻词汇的多样性及隐喻转化的正确性和完整性。

13. 杨鲁新、李平，2020，高中英语教师写作教学信念与实践的个案研究 [J]，《外语教学理论与实践》(3)：21-28。

摘要：本研究采用历时质性个案研究方法，对北京某重点高中两位英语教师进行了为期一年的跟踪调查。通过分析访谈、课堂观察等多种数据收集方法，本研究发现两名教师都认为英语写作教学应以培养学生的批判性思维和语言综合能力为目的，且应与其他技能的培养相融合。她们采用体裁式写作教学方法，将写作教学嵌入日常英语教学活动，关注学生学习写作的过程。研究结果表明高中英语教师在日常教学中可以突破应试束缚，切实培养学生的写作能力。

14. 王保健、王宝平、王云，2020，语法隐喻对二语写作研究的资源贡献 [J]，《外语教学理论与实践》(4)：36-47。

摘要：二语写作的语篇意义构建、语篇意义功能、写作复杂性、中介语发展、学术写作等研究维度都有语法隐喻的贡献。语法隐喻以意义为核心，关联语境层和词汇语法层，是系统功能语言学就书面语篇意义构建提供的符号资源；是实现抽象概括、衔接连贯等语篇功能的资源；是复杂性语义生成以及满足高级语篇写作交际复杂性需求的资源；中介语发展和学术写作也以其为语法资源。语法隐喻框架下二语写作研究本质是以语言意义为核心，故写作教学应该以"意义写作"为本，运用语法隐喻资源，构建具有语境契合度的语篇意义。

15. 刘兴华，2020，**中学英语写作教学循证实践现状研究** [J]，《外语教学理论与实践》（4）：58-64。

摘要：本文基于上海地区17所中学245名英语教师的问卷调查，研究了中学英语教师写作教学循证实践现状及影响因素。研究发现，中学英语教师整体上运用循证实践的频率偏低，突出表现在较少运用科技手段辅助写作教学、让学生参与合作学习和提供反馈以及将写作作为学习和理解新内容的手段等。写作教学循证实践的使用存在学段差异，初中教师比高中教师运用得更加频繁。教师性别、教龄和自身教育层次对循证实践的运用没有显著影响。

16. 韩晔、许悦婷，2020，**积极心理学视角下二语写作学习的情绪体验及情绪调节策略研究——以书面纠正性反馈为例** [J]，《外语界》（1）：50-59。

摘要：本研究从积极心理学视角出发，结合控制—价值理论，以书面纠正性反馈（WCF）为例，采用个案研究方法探究四名中国大学生在二语写作学习过程中的学业情绪及其调节策略。结果显示，WCF唤醒了横跨正性、中性、负性效价和高、中、低程度的不同学业情绪，且情绪动态变化因人而异；学生在修改过程中运用情感导向策略、评估导向策略、情境导向策略进行自我情绪调节。研究对如何运用积极心理学理论提升二语写作学习中学生的身心健康和学习效果具有重要启示。

17. 李成陈，2020，**情绪智力与英语学业成绩的关系探究——愉悦、焦虑及倦怠的多重中介作用** [J]，《外语界》（1）：69-78。

摘要：本研究基于积极心理学视角，以我国1307名高二学生为对象，根据问卷和英语测评结果，考察情绪智力、情绪和英语成绩之间的关系。结果表明：（1）学生的情绪智力、愉悦、焦虑水平中等，倦怠水平较低，但与国际样本相比愉悦水平过低，焦虑水平较高；（2）情绪智力、愉悦、焦虑、倦怠、英语自评成绩和英语考试成绩两两之间呈低到中等程度的相关关系；（3）三种情绪在情绪智力与英语学习成绩之间起到多重平行中介作用。研究结果验证、拓展了控制—价值理论，为二语学业情绪干预提供了启示。

18. 钟家宝、钟兰凤，2020，**研究性英语论文写作共享教学模式建构研究** [J]，《外语界》（4）：80-87。

摘要：现代教育技术发展对研究性英语论文写作（REAW）教学提出了新的挑战和要求。本研究基于共享教育与共享写作相关理论，尝试建构研究性英语论文写作共享（REAWS）教学模式，分析了教学模式的内涵和建构路径，以期为提高我国REAW课程教学质量和学生REAW能力提供借鉴。

19. 张亚、赵永刚，2020，新读写理论视角下AEE系统反馈对英语写作的有效性研究[J]，《外语界》（4）：88-96。

摘要：反馈对英语二语写作水平的影响是英语写作教学实践和研究关注的焦点。AEE系统反馈为学生写作提供了新的反馈方式。本研究基于新读写理论视角，对比了AEE系统反馈、教师口头反馈和教师书面反馈对120名非英语专业二年级学生英语议论文写作水平提升的有效性。研究结果表明：（1）AEE系统反馈能够显著提升英语写作水平；（2）AEE系统反馈组写作水平提升幅度小于教师口头反馈组，大于教师书面反馈组，但各组之间未呈现显著性差异；（3）对词汇句法维度的提升，AEE系统反馈最为有效，而对篇章结构维度、人文素质维度的提升，教师口头反馈最为有效。

20. 陈颖芳、马晓雷，2020，英语学术语篇中外壳名词的动词搭配研究：基于"事件域认知模型"的视角[J]，《外语与外语教学》（1）：91-100+149。

摘要：外壳名词的广泛使用是学术语篇的重要特征。以往文献主要依据Schmid（2000）提出的构式框架开展研究，却较少关注框架之外的动词与外壳名词之间的搭配规律。本研究利用聚类分析和多项特异共现词位分析对497篇英语学术论文中的"动词+外壳名词"组合进行统计分析，并借助"事件域认知模型"分析两者的搭配机制。结果表明，外壳名词体现出不同的动词搭配倾向，两者之间的语义关联反映了科学研究事件域中的基本要素。外壳名词与动词的搭配规律可以为学术英语教学提供借鉴与启示。

21. 阮晓蕾、郑新民，2020，高校外语教师学习共同体中的论文写作实践探究[J]，《外语与外语教学》（4）：60-69+148-149。

摘要：教师学习共同体对高校外语教师发展至关重要，然而聚焦学术共同体中论文写作实践的研究比较有限。本研究以实证论文写作中的讨论环节为例，探究高校外语教师在学习共同体中的学术论文写作实践。通过叙事问卷、访谈法和书面资料收集法采集资料并使用文本分析法进行数据分析，本研究得出以下结论：（1）教师对学术论文中讨论部分的认识有待提高，他们在讨论撰写过程中存在的问题主要包括混淆结果与讨论、夸大或低估研究发现、没有和文献呼应、缺乏逻辑主线等；（2）教师通过学习共同体中的多维互动及不同形式的研讨可以逐渐加深其对讨论部分写作的认识并在一定程度上掌握写作要领，从而提高学术论文的质量和产出。本研究为高校外语教师的学术论文写作、外语教师学习及外语教师发展提供了启示。

22. 海春花、吴始年，2020，学习经历对外语写作态度的影响——基于表达性写作大学课堂的研究[J]，《外语与外语教学》（4）：70-83+149。

摘要：外语课堂上推行表达性写作，学生响应度居高。学习者借由写作主动地生成意义、表达和分享生命感受，故而更可能在享受写作的同时提升目标语表达能力。然而，当今国内外语写作研究强调学术写作，表达性写作之影响少有触及。该研究探索英语专业大学生对表达性写作所持的学习态度，并就学习经历对学习者写作态度所产生的影响展开课堂调查。研究发现，表达性写作课程中大学生用写作探索、发现自我，写作积极主动，目标语写作能力随之提升。数据还显示，教师、教学方式、努力、成就感、自信对学习态度的形成有积极贡献。其中，努力程度、写作自信是外语学习者写作态度变化的决定性因素。本研究可为态度研究提供新的研究范式，同时为教学中强化学习者积极学习体验提供理论解读。

23. 余清萍、王璐瑶，2020，对比续写任务条件对议论文写作的影响研究 [J]，《外语与外语教学》（6）：96-108+150。

摘要：续写已被证明能较好促学，但目前研究多集中于读后续写，对其他续作研究较少。本文对比命题写作和两种对比续写任务条件（单纯对比续写、边读边填写句子以加强互动后再对比续写）下学生议论文写作的表现，考察对比续写的促学效果，以及加强互动是否更好促学。结果表明：两种对比续写条件均能有效提高写作复杂性、准确性和流利性，促进词汇及难句的协同，培养学生思辨能力。和单纯对比续写比，边读边填写句子后再对比续写能促使学生分配更多的注意资源于思辨，这更能提高他们的思辨能力，但同时减弱了与原文语言形式的协同效应。此外，由于前文属于内隐输入，对于某些语言形式，加强互动也不能促使学生注意，协同质量较低。该研究有助于我们理解互动—注意—协同三者的关系，对改进对比续写任务有指导意义。

24. 刘应亮、陈洋，2020，中美学生硕士论文写作中立场标记语对比研究 [J]，《中国外语》17（2）：81-89。

摘要：本文采用语料库研究方法对中美学生硕士论文中立场标记语的使用特征进行对比分析。研究结果表明，中美两国学生都在学术论文中大量使用立场标记语，但中国学生的使用频率低于美国学生。就各类立场标记语来看，与美国学生相比，中国学生较少地使用模糊限制语、态度标记语和自我指称，而更多使用确定表达语。在论文的前言、研究方法、结果与讨论、结论各个章节中，各项标记语出现频率根据章节在论文中不同的交际目的也有所不同。

25. 邱瑾，2020，英语专业记叙文写作教学中的思辨能力培养——"人物刻画"单元课例研究 [J]，《中国外语》17（6）：48-54。

摘要：如何将思辨能力的培养融入写作技能的训练是大学英语写作教学改革的重要课题。本课例研究以《大学思辨英语教程写作1记叙文写作》的"人物刻画"单元为例，从社会文化理论的视角，探讨如何通过细化教学目标、优化活动设计以及配置合适的中介工具来创意并高效地开展课堂教学，以帮助学生实现语言能力、写作技能和思辨能力的协同发展。

26. 靳红玉、王同顺、于翠红，二语写作任务复杂度的效度验证[J]，《现代外语》43（1）：81-93。

摘要：本研究考察了两名学习者对三项二语写作任务的难度感知及注意资源配置情况，以验证任务复杂度的构念效度。研究结果表明：尽管存在程度不同的被试间差异，其感知的任务难度与任务复杂度不完全一致；注意资源在写作中主要配置于内容和形式；对语言准确度的关注随任务难度上升，对复杂度的关注则随之下降。相关影响因素包括任务特定的语言要求、主体能动性以及考试文化语境等。因此，任务复杂度只能作为一种参考，最终的排序决策还须结合具体的教学情境。

27. 王丽萍、吴红云、ZHANG Jun Lawrence，2020，外语写作中任务复杂度对语言复杂度的影响[J]，《现代外语》43（4）：503-515。

摘要：本研究以616名中国英语学习者为研究对象，以四项复杂程度不同的英语写作任务为实验材料，采用39项语言复杂度测量指标，较为全面地考察了外语写作任务复杂度中元素和背景知识两个变量对语言复杂度的影响。结果显示，任务复杂度对语言复杂度的不同维度产生不同的影响。因此，任务复杂度研究还需突破过于简化的视角，"竞争假说"和"认知假说"还有待进一步验证和完善。

28. 张会平，2020，中国英语初学者写作词汇丰富性的发展特征研究[J]，《现代外语》43（4）：529-540。

摘要：本研究基于语言接触量假说，从词汇复杂度、词汇变化度、词汇密度和词汇偏误率四个维度，分析英语初学者写作词汇丰富性的发展特征。研究发现：（1）初学者写作词汇复杂度总体水平较低，但随学龄增长而逐年提高，先慢后快；（2）词汇多样性变换能力较弱，但随年级升高而逐年显著提升，且不同年级词汇选择的倾向性不同；（3）词汇密度水平偏低，但随学龄增长而不断提高，先快后慢，且逐渐变换使用不同词类的实词；（4）词汇拼写偏误率逐年降低，先快后缓，高频词拼写越来越准确，低频词则较为困难。总体而言，初学者词汇综合运用能力较弱，词汇丰富性较差，但随年级升高而不断提高，各维度发展不均衡。

29. 辛声、李丽霞，内容创造对语言协同和续写任务表现的影响[J]，《现代外语》43（5）：680-691。

摘要：本研究探讨内容创造对读后续写任务中语言协同和续作句法复杂度、准确度和流利度的影响。72名英语专业学生分为三组，在阅读相同输入文本后，基于三个不同条件完成续写任务：看黑白插图续写、看彩色插图续写和创造内容续写。结果显示，两个看图续写组主要按插图指定内容续写，与前文的语言协同弱于内容创造组。内容创造组比内容指定组使用了更多的从句和动词短语，句法复杂度更高，准确度和流利度则无显著差异。研究结果表明，内容创造可促进语言协同，能够在不影响准确度和流利度的情况下，提高成人英语学习者的句法复杂度。

30. **王华，2020，语料库驱动的学术英语写作教学模式探索——以摘要写作为例** [J]，**《外语学刊》**（1）：49-55。

摘要：书写规范的摘要是学术英语写作中的一项重要技能。本研究以摘要写作为例，探索语料库驱动的学术英语写作教学模式，并应用于教学实践。研究主要围绕以下内容展开：相关文献回顾、学术论文摘要语料库的建设与标注、教学方法探索和教学效果检验。本研究中运用的技术手段、方法步骤以及数据分析结果对从事相关研究人员具有启示作用。

31. **董哲、高瑛、解冰，二语写作同伴互评研究热点与前沿述评** [J]，**《外语学刊》**（6）：61-66。

摘要：二语写作同伴互评研究近10年显著增长。文献梳理和可视化分析发现，2009—2019年间，国外研究可以概括为五个研究热点和三个研究前沿。其中，在线同伴互评、同伴互评评语、同伴互评感知既是研究热点也是研究前沿，另外两个研究热点为反馈方式比较和同伴互评培训。近五年，国外研究前沿向互评感知等学习者因素拓展明显，研究上升到新高度。相比之下，国内研究热点和前沿呈现与国际接轨趋势，但相对滞后，需扩大研究范围，向纵深发展。

32. **侯建东，2020，反馈策略与反馈焦点对英语写作准确性的影响** [J]，**《外语学刊》**（6）：67-73。

摘要：本文探讨反馈策略与反馈焦点对时态错误、不完整句和粘连句的独立与组合效果。研究分为"前测—干预—即时后测—延迟后测"四个阶段，共有120名受试，分别接受直接聚焦反馈、直接非聚焦反馈、间接聚焦反馈和间接非聚焦反馈。实验结果表明：（1）直接反馈的即时效果要好于间接反馈；但间接反馈在时态错误上的长期效果要好于直接反馈；（2）聚焦反馈的即时与长期效果均要好于非聚焦反馈；（3）在组合效应方面，直接聚焦反馈、直接非聚焦反馈和间接聚焦反馈对粘连句和不完整句均有较好的即时与长期效果，直接聚焦反馈与间接聚焦反馈对时态错误有较好的即时效果，而只有间接聚焦反馈对时态有较好的长期效果。

33. **范海翔，中国日语学习者二语写作中的词汇文体意识研究** [J]，**《外语学刊》**（6）：74-78。

摘要：本文针对中国日语学习者二语写作中的词汇文体意识问题进行研究。语料通过对41名日语专业学生进行问卷调查的形式获得。以日语研究中关于口语和书面语的分类原则为理论框架，借助实证研究的方法，对采集的问卷进行分析。结果表明：日语专业学生在二语写作中缺乏思考词汇文体的意识。写作中多使用口语/书面语兼用词汇、对书面语专用词汇掌握不足，从而降低文章的书面语色彩。对日语中的"和语词汇"和"汉语词汇"在口语和书面语对应关系上理解不充分。学生缺乏从语法、语篇角度进行综合思考，通过词性转换、整合前后成分等手段加强文章书面语色彩的能力。研究结果对我国日语二语写作教学具有实践指导意义。

34. 俞希，2020，中国大学生英语新闻语篇中的写作者文化身份[J]，《外语学刊》（6）：79-85。

摘要：本研究在中国语境下提出考察英语写作者文化身份的维度和参数，并通过对英语专业大学生撰写的英语新闻稿进行文本分析，讨论文化身份的具体特征及影响因素。研究发现：（1）中国大学生在英语新闻写作中体现的文化身份具有双重性，表现为中西方文化与思维的融合和交错表达，往往通过西方英语新闻写作模式讲述中国故事；（2）文化身份构成包括显性语言特征和隐性行文方式两大维度，该维度下各有四个参数，在具体语境中展现出写作者文化身份的多元性、动态性和变异性；（3）大学生写作者的英语水平和主题选择对于其总体文化身份的影响均不明显。本研究在英语通用语视角下提出的写作者文化身份测量标准可为相关实证研究提供思路和方法上的参考。

35. 鲍贵，2020，我国英语语言学博士生实验研究类论文质量评价[J]，《外国语文》36（1）：98-106。

摘要：本文首次利用实验研究效度指标体系实证评价我国英语语言学博士生实验研究类论文的质量。通过对2005—2014年间104篇博士论文在设计特征、操作程序、统计分析和报告实践等方面的调查发现，在32项效度指标中，14项指标上的效度在至少四分之三的博士论文中未能体现。在内部效度方面，博士生普遍缺乏效度威胁意识和设计局限意识。构念操作定义不充分以及没有使用双盲是构念效度的主要威胁。统计结论效度威胁主要包括严重忽略测量信度、效应量、统计效力以及统计假设检验。在外部效度方面，总体效度和子群体推广普遍被忽视。博士论文的研究效度没有呈现出随时间持续增加的趋势。

36. 徐素云、郭继荣，2020，协同效应下的英语读后写作文本特征动态发展探究[J]，《外国语文》36（2）：152-160。

摘要：阅读会对写作产生协同效应，使写作的语言逐渐靠近模范文本，从而提升写作质量。本研究跟踪一个学期的读后写作任务，利用文本分析工具对读后写作的文本特征从词汇、句法、篇章三个层面进行量化考核，并进行差异性分析，结果显示协同效应在语言的不同层面产生了不同的影响。其对作文的总体质量有显著的积极作用，提升了词汇的复杂度，但没有增加词汇的丰富度。读后写作的句子中并列结构增多，从而拓展了句子的长度，但从属子句增长不明显，使得句子的复杂度变化不大。协同效应对篇章连贯性影响尚不明确，甚至产生微弱的反向作用，降低了读后写作的衔接度和可读性。本研究对阅读和写作教学具有启发意义。

37. 刘应亮、习梦、陈愿，2020，学习者英语议论文写作中论据使用特点分析[J]，《外国语文》36（5）：141-149。

摘要：本文分析学习者英语议论文中论据使用数量和类型，以及对议论文整体质量的影响。根据Packer和Timpane（1997）的七种论据分类，本研究选取某大学100名非英语专业研究生议论文为语料，重点探讨学生使用论据的效果与缺陷。研究发现，学生所使用的论据集中在逻辑推理、示例以及已知事实这三种类型。同时，高低分组学生的论据使用存在一定差异。高分组学生使用了更多的论据类型及论证过程，论证更加丰富有效；低分组学生的论据缺少有效论据的五个特性，且更倾向将个人观点误用为论据，这些使用问题都直接影响了议论文整体质量。

38. 吴雪峰、肖杨田，2020，基于过程导向的英语写作评分量表效度验证[J]，《外国语文》36（5）：150-159。

摘要：本研究以概要写作评分量表为例，采用定量、定性相结合的融合型研究范式，运用多层面Rasch模型分析63名学生的概要写作得分，并结合七名评分员在使用量表过程中的有声思维和评分后的半结构式访谈回溯评分过程，探查评分量表在使用过程中的质量和作用，从而对该评分量表进行效度验证。结果表明：在评分过程中，评分量表能顺利引导评分员较好地把握评分宽严度和一致性。评分量表的描述语清晰准确，评分维度完整，有助于评分过程的顺利进行，但部分维度的分值权重应适当调整，评分员在各级别内部分值的选择上比较困难，需有针对性地改进评分量表。本研究对各类英语写作评分量表的效度验证具有一定的借鉴意义。

English Abstracts

Jianhua ZHANG Sichuan University of Arts and Science; University of Auckland

Lawrence Jun ZHANG University of Auckland

Abstract: Based on Dynamic Systems Theory (DTS), this study tracked the changes of two English-as-a-foreign-language (EFL) learners' syntactic complexity throughout one academic year to explore variability in their development paths and interactions in learning to write in English. The results demonstrated that: (1) the EFL learners had four development paths featuring obvious individual variability; and (2) there were comprehensive connections between dimensions of syntactic complexity, whose interactive relations were characterized by the juxtaposition of competition and support as well as dynamic fluctuations. The dynamic development of their interactions confirmed the dynamics and variability shown in the connected growers and the conditional relations between these dimensions.

Keywords: syntactic complexity; dynamic development; case study; variability; L2 writing

Ningyang CHEN Soochow University

Abstract: Genre remains one of the topics of lasting interest in second language writing research. Previous studies mainly focused on quantifying linguistic differences in low- to intermediate-level L2 writers' outputs in specific writing tasks, with scarce attention to L2 writers with a substantial foundation in English and the potential factors that influence their cross-genre writing performance. Based on narrative and argumentative writing samples collected from Chinese and US university students, this study examined the linguistic features of students' writings in terms of lexical and syntactic complexity. The study found that the L2 writers' writing was close to that of L1 writers in several complexity indices while it differed from L1 writers' writing most prominently in narrative writing samples' linguistic features. This finding can be attributed to structural differences in genre awareness between L1 and L2 writers. Post-task interviews with the L2 writers further revealed the potential causes for the differences, pointing to a constellation of factors including native language background, genre experience, sociocultural context, and overall L2 competence.

Keywords: second language writing; native language writing; linguistic features; genre differences

A Study on the Relation Between Writing Anxiety and Differences in Lexical Richness

Jiaqiang ZHANG Shenzhen University
Li GUO Shenzhen University

Abstract: To explore the differences in lexical richness of L2 production among EFL learners of three different anxiety levels, this study surveyed the writing anxiety of 128 non-English majors, collected their written texts and created three corpora according to their anxiety levels. The results indicated that non-English majors generally experienced foreign language writing anxiety to a medium degree and the high anxiety group was significantly different from the low and the medium anxiety groups in terms of the quality of writing. The lexical variation and sophistication of the high anxiety group were significantly lower than those of the low and the medium anxiety groups while the lexical density was much higher than that of the latter two groups due to the shorter length of writing, and the use of relatively simpler sentence structures and fewer phrases. Finally, the paper provided some suggestions for English writing teaching and assessment in colleges.

Keywords: writing anxiety; writing quality, lexical richness

Chinese College Students' Motivation in EFL Writing: An Empirical Study

Mengduan LI Hainan Normal University

Abstract: Motivation plays a prominent role in influencing L2 writing development and performance. This study surveyed 754 Chinese college students regarding their motivation in EFL writing. The results indicated that Chinese college students' level of motivation in EFL writing was relatively low. The findings also showed that the underlying structure of writing motivation was multi-dimensional. Altogether, seven dimensions were found in this study, namely writing imagery, writing self-efficacy, expectancy-value, instructors, writing self-regulation, intrinsic motivation and extrinsic motivation. In addition, the present study suggested that college student's English proficiency could significantly affect their writing motivation. This study has important theoretical and practical implications for research regarding motivation in EFL writing.

Keywords: writing motivation; writing imagery; English proficiency; Chinese university students

The Effects of Teacher-Student Collaborative Assessment on Writing Anxiety of EFL Learners with Different English Language Proficiencies

Yuxin SHE Chongqing Technology and Business University

Abstract: This research investigated the effects of Teacher-Student Collaborative Assessment (TSCA) on writing anxiety of Non-English major students of different English language proficiencies. Results showed that the low-achievers' writing anxiety decreased significantly. Specifically, the scores of the factor "somatic anxiety" and the factor "avoidance behavior" reduced significantly. While high-achievers' overall anxiety did not change significantly, they obtained significantly lower scores on the factor "self-regulated learning". The results confirmed the positive effects of TSCA on lowering EFL writing anxiety, and provided insights for the effects of teacher-guided peer assessment on writing anxiety of EFL learners with different English language proficiencies, thus shedding light on EFL writing teaching in large-size classes where students' English language proficiencies may vary greatly.

Keywords: Teacher-Student Collaborative Assessment; peer assessment; English language proficiencies; English writing anxiety

Promoting Thinking Through Assessment: The Construction and Implementation of DEAR Model

Min ZOU Beijing Institute of Technology
Xiaoli SU Sichuan International Studies University
Zehang CHEN Beijing Normal University

Abstract: Underpinned by formative assessment and action research, this study constructed and implemented critical thinking (CT)-oriented formative assessment, i.e., DEAR model (defining CT focus, explaining CT criteria, applying CT criteria to writing, and reflecting and improving). The findings revealed that the DEAR model helped students internalize CT criteria, improve CT skills, and develop CT dispositions, thereby enhancing their CT in EFL writing and facilitating thinking through assessment.

Keywords: critical thinking; formative assessment; DEAR model; EFL writing; action research

American English Writing Center Model and Its Implications

Jiajia HE University of International Business and Economics

Abstract: The researcher analyzed 32 writing center websites across the United States, and generated the commonly adopted writing center operating and tutoring model in American universities. The results showed that the writing centers were operating based on the process writing approach. Employing the principles of collaborative writing, they aim at developing learner autonomy, enhancing students' academic literacy, and developing critical thinking skills. Thus, they could help to develop students' comprehensive academic competence and lay solid foundation for General Education (All-round Education). The tutoring model and operational philosophy of writing center have implications for English writing education as well as university-level English teaching in China.

Keywords: English writing center; tutoring model and operational philosophy; writing tutoring; General Education

A Comparison of Holistic and Analytic Rating in Independent Essay Writing

Xiaoling JI Shanghai Jiao Tong University

Abstract: Holistic and analytic scorings have generated great research interest in language testing. Most published studies have shown that analytic scoring produces higher reliability, whereas a few done abroad have found that the inter-rater reliability of holistic scoring is higher. The present study featured three raters with similar backgrounds and experience and had them rate thirty student essays with five-dimension analytic scoring, holistic scoring and three-dimension analytic scoring respectively. The results showed that the holistic rating scale had the highest reliability, slightly higher than the three-dimension rating scale, suggesting that holistic scoring can also have high reliability if the raters have similar backgrounds and experience. The binary correlation between the three rating scales was high, indicating that different rating scales do not necessarily produce distinctly different scores. Regression analysis showed the biggest contributor to the holistic score was language. Finally, the three raters had some positive comments on the holistic and three-dimension ratings, while also pointing out some of their problems. The majority of students in their response hoped to receive analytic scores.

Keywords: holistic rating; analytic rating; reliability; correlation

Effects of Peer Response Training in College English Writing: A Mixed Methods Research

Yu DING Huazhong University of Science and Technology

Abstract: Training is essential for effective peer response. Peer response training is usually done in writing classes where there is adequate time for both writing instruction and peer response training. Few studies were conducted in contexts of College English where there is limited time for writing instruction. To solve this problem, this research designed two training schemes and took a mixed methods approach to examine their effects on students' competence and performance of peer response. Quantitative analysis showed both schemes increased students' awareness of organization in writing and developed their problem-identification ability, and peer response procedure training produced more suggestions in peer comments. Qualitative analysis found that the effects were related to writing instruction and teachers' preferences as well as peer response training.

Keywords: peer response training; peer response competence; peer response performance; EFL writing; College English

征稿启事

　　《二语写作》是国内第一本关于二语写作教学与研究的学术集刊。由中国英汉语比较研究会写作教学与研究专业委员会主办，外语教学与研究出版社出版，编辑部设在山东大学外国语学院。

一、办刊宗旨

　　《二语写作》重点探讨二语写作理论、写作修辞、写作教学、写作教师教育、写作测试、ESP/EAP写作、机辅写作、技术与写作等相关领域的研究问题。本刊接受中、英文稿件，欢迎不同语境下的研究成果，除英语外，也刊登非英语和对外汉语等领域的二语写作研究成果。本刊倡导理论创新，关注研究方法，强调学术的高度、深度和厚度，尤其注重跨学科视角下的研究与探讨，旨在为我国二语写作研究学者、教师和研究生提供学术交流的平台，推动我国二语写作教学与研究的发展。

二、重点栏目

　　本刊设有"理论视角"、"写作研究"、"写作教学"、"写作测评"、"跨学科研究"、"研究述评"、"新秀论坛"、"学术动态"、"新作评介"等重点栏目，真诚欢迎国内外专家、学者和广大外语教师及研究者赐稿。

三、稿件要求与投稿说明

　　1. 来稿应具有科学性、原创性，论点鲜明、论据充分、数据准确、逻辑严谨、文字通顺、图表规范。每篇论文以8000字左右为宜，最多不超过1万字，中英文均可。

　　2. 来稿请详细注明作者简介、作者单位、地址、邮编、联系电话及电子邮箱。稿件不涉及保密问题，署名无争议，稿件一律文责自负，本刊有权对来稿做文字修改。

　　3. 本刊恕不退稿，请作者自留底稿，切勿一稿多投。

　　4. 请不要把稿件邮寄给个人，以免影响审稿和发表。

　　5. 按照国际惯例，《二语写作》实行同行专家匿名审稿制度。审稿周期为3个月。3个月后，若没有收到编辑部反馈，作者可自行处理。

　　6.《二语写作》不收版面费。

四、投稿方式

　　1. 电子投稿：请直接发送至 writing-journal@sdu.edu.cn

　　2. QQ群：232248241、976907510、222462129

Chinese Journal of Second Language Writing
Guide for Authors

The Chinese Journal of Second Language Writing is devoted to publishing reports of research and discussions that contribute to understanding of issues in second and foreign language writing and writing instruction. Some areas of interest are L2 writing instruction, L2 writer development, features of L2 written texts, L2 writing processes, L2 writing teacher education and professional development, feedback and assessment, ESP/EAP writing, technology and writing, and any other topics closely relevant to L2 writing instruction and research. Review articles are considered for publication if they deal with critical issues in second and foreign language writing. Manuscripts should take care to emphasize the pedagogical implications of the work.

Before submitting your manuscript, make sure that your submission adheres to the author guidelines and follows the formatting instruction. Please pay particular attention to the reference section, the formatting of headings, tables, figures, and author's biography.

Formatting and references

1. Length

Manuscripts should be 8,000 to 10,000 words in English or Chinese, including references, tables, figures, notes, and appendices.

2. Headings

- *CJSLW* uses only three header levels. Format them as follows:

1. First Level Heading (Size 12, Boldface, First Letter Caps)
   1.1 Second level heading (Size 10, Boldface)
   1.1.1 Third level heading (Size 10, Italics)

3. Tables & Figures

- Please submit tables as editable text and not as images.
- Tables should be numbered consecutively with single numbers, e.g. Table 1, Table 2, Table 3 …
- Figures should be numbered consecutively with single numbers, e.g. Figure 1, Figure 2, Figure 3 …
- Both tables and figures should be referenced in text and be placed next to the relevant text.

4. Keywords

Up to 5 key words are required upon submission. Only abbreviations firmly established in the field should be included.

5. Acknowledgements

Please submit the acknowledgements after your paper is accepted.

6. Funding sources

Authors are required to identify who provided financial support for the conduct of the research and/or preparation of the article. List funding sources in the following way:

Funding: This work was supported by Grant Name [grant number].

7. Author biography

This part includes author's full name, title, affiliation, research interest(s) and email address. Please clearly indicate who is the corresponding author if there are more than one author.

8. References

List your references by following the format shown in the examples.

Examples:

Atkinson, D. 2002. Toward a sociocognitive approach to second language acquisition [J]. *The Modern Language Journal* 86(4): 525-545.

Creswell, J. W. 2013. *Qualitative Inquiry and Research Design: Choosing Among Five Approaches* [M]. Thousand Oaks, CA: SAGE.

Friedlander, A. 1990. Composing in English: Effects of a first language on writing in English as a second language [A]. In B. Kroll (ed.). *Second Language Writing: Research Insights for the Classroom* [C]. Cambridge: Cambridge University Press. 109-125.

Jiang, Yan. 2000. The Tao of verbal communication: An Elementary textbook on pragmatics and discourse analysis [OL]. http://www.polyu.edu.hk/~cbs/jy/teach.htm (accessed 30/04/2006).

Whalen, K. & N. Ménard. 1995. L1 and L2 writers' strategic and linguistic knowledge: A model of multiple-level discourse processing [J]. *Language Learning* 45(3): 381-418.

Robertson, M., M. Line, S. Jones & S. Thomas. 2000. International students, learning environments and perceptions: A case study using the Delphi technique [J]. *Higher Education Research & Development* 19(1): 89-102.

If you have further questions, please contact: writing-journal@sdu.edu.cn.